Meiner Familie

Christoph-Maria Liegener

poetix_packt_aus

Gedanken, Gedichte, Geflechte

© 2015 Christoph-Maria Liegener

Autor: Christoph-Maria Liegener

Umschlagbild: Christoph-Maria Liegener

Lektorat: Media-Agentur Gaby Hoffmann
Verlag: tredition, Edition Leselupe
Printed in Germany

ISBN: 978-3-7323-3650-0 (Paperback)
        978-3-7323-3651-7 (Hardcover)

Qindie steht für qualitativ hochwertige Indie-Publikationen.
Achten Sie also künftig auf das Qindie-Siegel! Für weitere In-
formationen, News und Veranstaltungen besuchen Sie unsere
Website: http://www.qindie.de/

Inhalt

Vorwort

Poetix ist ein Internet-Dichter, und darum geht es zum Teil in diesem Buch. Im Mittelpunkt stehen aber die Gedanken jenes Dichters und er als Mensch. Es sind weltanschauliche Gedanken, die in seinen Gedichten versteckt sind. Sie zu entschlüsseln ist eine Herausforderung. Das Buch erzählt von seinen Äußerungen, seinen Werken, von Reaktionen darauf im Netz, es spürt den Gedanken nach, die er sich zu seinen Gedichten gemacht hat, Gedanken über Philosophie, Religion, über die Beziehungen zwischen moderner Physik und Lyrik, die Welt, den Sinn des Lebens und, letztlich, über ganz Alltägliches. So entstehen Geflechte aus Gedichten und Gedanken zu den Gedichten.

Noch vor Beginn eine Erklärung in eigener Sache: Poetix ist mein Nickname in den Internet-Lyrikforen. In der dritten Person von ihm zu schreiben, gibt mir die Möglichkeit, meine eigene Dichtung aus der Distanz zu betrachten, sie in einen größeren Zusammenhang zu stellen. Diese in der Tradition von Caesars „Gallischem Krieg" stehende Erzählform hat von den Humanisten bis zu Martin Walser immer wieder Anhänger gefunden; da würde ich mich in aller Bescheidenheit gern anschließen.

Christoph-Maria Liegener

Poetix – auf den Spuren eines Internet-Dichters

Nun also zu poetix. Kleingeschrieben, aus Gründen der Bequemlichkeit beim Tippen am Computer. Außerdem würde es ihn mehr stören, wenn andere seinen großgeschriebenen Namen kleinschrieben, als wenn sie seinen kleingeschriebenen Namen großschrieben. Er will also kleingeschrieben werden, toleriert aber vereinzelte Großschreibung. Der Name ist leicht erklärt. Er wäre gern Dichter in dem bekannten kleinen gallischen Dorf gewesen, in Verehrung von Goscinny und Uderzo. Ein Dichter, aber kein Barde, wenn man das unterscheiden will; denn im Gegensatz zum dort ansässigen Barden war er kein Sänger. Zumindest ist er als Sänger nicht bekannt geworden; ob er zu Hause unter der Dusche gesungen hat, bleibt seine Sache. Er trat jedenfalls in den Lyrik-Foren unter dem Namen poetix auf und zwar in der Funktion eines Dichters.

Das sagt erst einmal noch nicht viel über ihn aus. Er muss ja nicht hauptberuflich Dichter gewesen sein. Wer kann schon von seiner Dichtung leben? Spitzwegs armer Poet lässt grüßen. Nur wenige können mit der Publikation ihrer Gedichte Geld verdienen. Wenn man das wollte, käme es darauf an, die zukünftigen Trends der Internet-Dichtung zu erkennen und sich darauf einzustellen. Dazu später mehr. Da poetix bisher nicht in den Bestsellerlisten aufgetaucht ist, muss er seinen Lebensunterhalt auf andere Weise finanziert haben. Wie er das machte, bleibt sein Geheimnis. Hatte er einen bequemen Job und schrieb nach Feierabend? Schrieb er gar heimlich während der Arbeitszeit? War er Hartz-IV-Empfänger und hatte den ganzen Tag Zeit? Oder Lehrer, oder Rentner? Wie auch immer, von seiner Dichtung lebte er offenbar nicht. Hier soll es auch in erster Linie nicht um seine Existenz im Alltagsleben gehen, sondern um seine Situation als Mensch in der Welt und darum, wie sein Menschsein in seinen Gedichten durchscheint.

Jetzt gleich in medias res: zu den Werken. Sie sollen hier in der Regel nicht kommentarlos nebeneinandergestellt werden, obwohl auch das vorkommt, wenn es als die richtige Form erscheint. Oft aber ist es Ziel zu zeigen, wie die Gedichte aus einem Gedankengebäude entstehen und was umgekehrt die Gedichte über den Dichter und seine Gedanken aussagen. In einigen Fällen wird etwas über das Werk Hinausgehendes zu sagen sein, und in anderen Fällen werden, das ist bei einem Internet-Dichter naheliegend, Reaktionen im Netz erwähnt.

Der dunkle Fluss

Die Tränen, die der Berg dem Land geschenkt:
ein Fluss, der dunkler ist als jede Nacht.
Von Traurigkeit wird er hervorgebracht,
von Leiden in die Welt hinausgelenkt.

Doch kann er nicht an einem Orte bleiben,
die Dörfer, Wälder, Wiesen kommen, gehen.
Es rauscht der Fluss und strömt und will doch stehen
und windet sich und lässt sich haltlos treiben.

Die Ufer schwinden, schilfumflort und seicht,
umspült von Fluten, die sich weit ergießen,
von alten Träumen, die nun leiser fließen.

Der Fluss, der nie sein fernes Ziel erreicht,
verweilt noch, um dann sanft hinausgezogen
und eins zu werden mit den Meereswogen.

Ein Sonett. Der dunkle Fluss, der schon im Titel steht, ist of-
fenbar eine Metapher für das Leben, dunkel, weil unbekannt,
undurchsichtig, geheimnisvoll. Die Geburt, das Eintreten in die

Welt, wird als ein trauriges, leidvolles Ereignis beschrieben, eine Sicht, die an den Buddhismus erinnert. Der dunkle Fluss symbolisiert damit von Anfang an das unermessliche Weltleid, nicht nur das eigene, auch das der ganzen Menschheit.

Der Lebensfluss führt weiter. Das Hin und Her der Welterfahrung der Jugend geht über in ein rauschhaftes Getriebenwerden während der fortschreitenden Karriere. Dann kommt der Lebensabschnitt der Reife, des Alterns, des Nachlassens der Dränge, der Träume, das Gehenlassen von Zielen. Schließlich das Ende, der Tod als ein Eingehen in etwas Größeres. Ende der Zeitlichkeit. Das Atman ist eins mit dem Brahman. „Tat tvam asi" („das bist du"). Anscheinend war poetix beeinflusst von der indischen Philosophie. Derartige Motive tauchen aber auch bei christlichen Mystikern auf.

In welcher Phase seines Lebens hat poetix dieses Gedicht geschrieben? Aufgrund der abgehobenen Sicht auf das Jugendalter könnte man meinen, poetix hätte jenes Alter zum Zeitpunkt des Schreibens bereits überwunden. Möglich wäre, dass die Entstehung des Gedichts sich über mehrere Lebensabschnitte erstreckt hat. Immerhin war er zum Zeitpunkt der Fertigstellung nicht mehr ganz jung.

Das nächste Gedicht kommt in dreihebigen Amphibrachen daher. Es könnten andererseits jeweils drei durch einen Auftakt eingeleitete Daktylen sein, wobei der dritte katalektisch ist; wer weiß das so genau? Wenn es Zweifel gibt, wählen wir nach Ockhams Vorschrift die erste Variante. Ein Blues mit freundlichem Schlussakkord:

Schatten

Die Schatten der Waldstraße ziehen
zum flackernden Schein der Laternen.
Verloren: Sie möchten noch fliehen
und können sich nicht mehr entfernen.

Wenn Schatten die Blicke berühren,
ergreift dich die Angst eines Kindes.
Den nächtlichen Schauer zu spüren,
vertrau nur der Fremdheit des Windes.

Du sehnst dich den Wolken entgegen,
den Wettern ein Opfer des Raubes.
Was bleibt, ist nur strömender Regen
im Rauschen sich neigenden Laubes.

Es stellen die Schatten die Frage,
die Nacht hilft, die Antwort zu finden:
Allein bist du, träum nicht vom Tage,
doch sieh, die Gewitter entschwinden.

Die Pflaume und die Fliege

Die Pflaume hing am Baume
und hielt sich nicht im Zaume.
Auf einmal fiel sie runter,
da war die Wiese bunter.
Dort unten blieb sie liegen,
umschwirrt von vielen Fliegen.
Sie faulte vor sich hin,
mit einer Made drin.

Verpuppte sich die Made,
so war das gar nicht schade,
kroch doch aus dieser Wiege
das kleine Kind der Fliege.
Drosophila hieß sie,
das unverschämte Vieh.

Da werden manche fragen:
Was soll uns das denn sagen?
Die Antwort ist nicht schwer:
Es gibt ne Fliege mehr.

Regen

Der Regen kommt ganz leise, sacht,
wobei er lächelnd, zauberhaft,
die alte Erde fruchtbar macht.

In junge Bäume schießt der Saft,
die Zweige werden hochgebogen.

Geschlossnen Auges freu ich mich,
das Moos ist feucht und vollgesogen,
der Schoß der Schöpfung öffnet sich,
daniederliegend dumpf in Schwere,
bedeckt das nackte Felsgestein
und lässt die ganze Welt hinein,

als ob es alles Regen wäre.

Ist das etwa zweideutig? Die Fruchtbarkeit, die dieser Regen
bringt, ist ja schon fast erotisch. Wo hört die Naturbeschreibung
auf, wo beginnt die Metapher?

15

Der Bergsee

Der See ruht heilig und vom Berg geborgen,
ein stiller Hort geheimnisvoller Zeichen.
Er weckt Gefühle, die ich will und spüre,
wenn ich das kühle Wasser sanft berühre,
aus Tiefen, die wir Menschen nie erreichen,
entstiegen, ohne Heute oder Morgen.

Das Wasser hat der Himmel uns geliehen,
wir ehren es am Hochaltar auf Erden.
Im Hochtal schwebt der See seit frühen Zeiten
als Opferschale der vom Tod Befreiten,
als Seelentränke für die Menschenherden.
Sein Wasser lässt die bösen Geister fliehen.

Das Weltall spiegelt sich im Wasser wider,
wir können all die fernen Sterne sehen.
Man kann auf solche Spiegelwelten hoffen,
das Tor zu ihnen halten wir ja offen,
wenn wir in klarer Nacht am Bergsee stehen.
Von weitem hören wir die eignen Lieder.

Auch das ein Naturerlebnis, dargestellt in fünfhebigen Jamben mit doppelt umarmendem Reim. Unklar erscheint die Herkunft des Wassers. Einmal ist es aus der Tiefe entstiegen, einmal vom Himmel geliehen. Ein Widerspruch? Nicht unbedingt: Der Himmel ist ja nicht nur der sichtbare Himmel über uns, sondern auch metaphorisch die höhere Gewalt. Die Tiefe andererseits mag bildlich für Menschen unerreichbar sein, ist aber noch irdisch, gehört zum Herrschaftsbereich des Himmels – die Hölle ist sicherlich nicht gemeint. Die Tiefe führt in unser innerstes, zeitloses Ich, das den Himmel ehrt. So löst sich der scheinbare Widerspruch und führt zu einer transzendentalen Synthese. Dialektik.

Die Stimmung ist feierlich, meditativ, geheimnisvoll, geradezu religiös. „Himmel", „Hochaltar", „Opferschale", „vom Tod befreit" ... fast wie in der Kirche, wäre da nicht die „Seelentränke für die Menschenherden". Das ist von der Tendenz her ironisch. Und wenn Religion, dann handelt es sich nicht um eine bestimmte Religion. Man kann gleichzeitig an christliche Motive, Zen-Buddhismus oder Naturreligionen denken. Sogar von bösen Geistern ist die Rede. Wird es hier spirituell? Jedenfalls gibt es dem Gedicht einen esoterischen Touch.

Von der Esoterik wieder zum Irdischen, Alltäglichen. Da wäre ein Gedicht über die Ehe, genauer über die Ehefrau. Der Humor steht im Mittelpunkt, nicht die Kunst. Daher einfach gehalten, fünfhebige Trochäen mit schlichtem Paarreim.

Die beste Frau

Für Heike

Als der Herrgott einst die Frau gemacht,
hat er sich die Sache so gedacht:
Adam möge Eva gut beschützen,
umgekehrt soll sie ihn unterstützen.
Was kann diesem Paar dann noch misslingen?
Fröhlich schon die Hochzeitsglocken klingen!

Wird der Ehealltag Adam schmecken?
Ganz begeistert wird er das entdecken,
macht ja auch, was immer Eva will,
wundert sich, warum, und schweiget still.
Dafür liebt die Frau den Mann nicht bloß,
schenkt ihm auch noch Kinder, zieht sie groß.

Hausfrau, Mutter, mitten im Gewühl,
das noch gut gelaunt und mit Gefühl,
Tatkraft zeigen überall und helfen:
Frauen sind so märchenhaft wie Elfen.
Jeder Mann denkt schließlich still bei sich:
Welch ein Glück, die beste Frau hab ich.

Jetzt weiß man schon mehr über poetix: Er war verheiratet und liebte seine Frau (und liebt sie nach wie vor). Schließlich hielt er sie für die beste Frau der Welt. Es ist ja nicht verkehrt, dass er unter anderem die Leistungen seiner Frau zu schätzen wusste. Ist Heike der Name seiner Frau oder ist es ein Deckname wie Lesbia für Clodia bei Catull?

Das Gedicht ist bodenständig, manche würden sogar sagen: spießig, weil das Verhältnis zwischen Mann und Frau so beschrieben wird, wie es seit Jahrhunderten gesehen wurde. Die Rollenverteilung ist traditionell, zugleich so, dass beide zufrieden sind: Die Frau setzt ihre Wünsche auf ihre Weise durch und der Mann bekommt dafür sein geordnetes Familienleben. Glücklicherweise ist es in der heutigen Zeit erlaubt, auch die traditionelle Rollenverteilung zu leben, wenn sie einem gefällt. Trotz des Humors ist es ein ernst gemeintes Loblied auf seine Frau und eine Liebeserklärung an sie.

Herbst

Die folgenden Gedichte sollen nach Jahreszeiten sortiert werden. Jahreszeiten als Gedichtthema erlebten einen Höhepunkt in der Naturlyrik der Romantik. Dabei stand das Naturerlebnis im Vordergrund. Die Jahreszeiten dienten als Symbol für allgemeine Lebensumstände, z. B. der Frühling für das Erwachen, den Neubeginn. Vor allem war in dieser Hinsicht der Herbst beliebt, ein Gleichnis für die Vergänglichkeit, das nahe Ende, aber auch die Sehnsucht nach Erlösung; Herbstgedichte sind meist von Melancholie geprägt. Das Thema war nicht nur in der Romantik beliebt. Einige der schönsten Gedichte der deutschen Sprache sind Herbstgedichte. Spontan fällt einem Rilke ein. Warum also nicht mit dieser Jahreszeit beginnen? Den Anfang macht ein Haiku.

Das Haiku ist ein Kurzgedicht, entstanden in Japan. Es besteht normalerweise aus drei Zeilen, früher mit Längen von 5 – 7 – 5 Silben. Die Silbenzählung ist in der deutschen Dichtung in jüngerer Zeit zugunsten kürzerer Zeilenlängen aufgegeben worden. Der Grund ist, dass die japanischen Lauteinheiten wesentlich kürzer als die deutschen Silben sind, was bei 5 – 7 – 5 zu einer Überlänge der Zeilen im Vergleich zu den Vorbildern führen würde.

Springkraut –

Warten auf

Berührung

Das Bild, das hier aufgerufen wird, beinhaltet eine Erwartung, das Platzen der Frucht durch die Berührung. Ein kleiner Schmetterlingseffekt: die sanfte, kaum merkliche Berührung und das dadurch bewirkte gewaltige Aufplatzen der Frucht des Springkrauts. Durch die kleinste Handlung können wir Unabsehbares bewirken. Man denkt auf der anderen Seite unwillkürlich an einen lieben Menschen, an ein Warten auf Zärtlichkeit. Dann die Fruchtbarkeit, das Platzen der Samenkapsel. Das ist schon wieder fast erotisch und löste auch eine entsprechende Reaktion in einem Forum aus. Ist das im Sinne eines Haiku? Ja, denn der Nachhall im Kopf des Lesers ist gewollt. Das Haiku beschreibt nur die Natur, einen konkreten Moment des Wartens, es kann unmittelbar vor der Berührung sein oder auch lange davor. Das wird nicht gesagt, wie überhaupt nicht viel explizit gesagt wird. Dass die Jahreszeit Herbst ist, muss sich der Leser selbst erschließen, aus der bedeutungsschwangeren Kombination von Springkraut und Berührung.

Jetzt zu einem konventionellen Herbstgedicht von poetix, geschrieben in dreihebigen Jamben mit Wechselreim.

Herbst

Es reift die Frucht am Strauch,
der Ernte kommt die Zeit,
die Zeit des Abschieds auch –
das Gute steht bereit.

Vom Wind spürt man den Hauch;
wer will Kartoffeln klauben?
Von Feuern steigt der Rauch,
verkündet, was wir glauben.

In all den Erntesegen
gelingt es einzutauchen –
und das zurückzulegen,
was wir im Winter brauchen.

Die Blätter auf den Wegen
von Bäumen, die so lauben:
Der Besen wird sie fegen,
bevor sie dort verstauben.

Der Rauch verkündet, was wir glauben? Der Rauch steigt von da auf, wo jemand sein Kartoffelfeuer abbrennt. Er verrät, verkündet damit dessen Anwesenheit. Wie aber dessen Glauben? Vielleicht im übertragenen Sinn, wenn der Betreffende beim Kartoffelfeuer seine Gedanken schweifen lässt, über seine Überzeugungen, seinen Glauben nachdenkt.

Wie erwähnt gibt es viele Herbstgedichte und die meisten verwenden den Herbst als Symbol der Vergänglichkeit. Es handelt sich um ein gebräuchliches Vanitasmotiv. Insofern ist ein Herbstgedicht wie dieses nicht originell. Andererseits, mit Goethe: „Erlaubt ist, was gefällt." (Da das Publikum, dem es gefallen soll, nicht homogen ist, käme es auf die Mehrheitsverhältnisse an zwischen jenen, denen es gefällt, und den anderen, denen es nicht gefällt – kaum vorherzusagen.)

Blätter im Herbst

Blätter sprechen

von Sternen und vom All ...

das Flüstern einer Frau –

ein Abschied, den wir kennen,

wenn Liebende sich trennen.

Die Luft schmeckt bitter-lau
nach Sehnsucht und Verfall.

Blätter rascheln

am Boden zwischen Füßen,
wie einst in Kindertagen.
Was damals ich getragen,
dafür muss ich nun büßen.

Blätter trudeln:

Mit ihnen aus der Zeit
wünsch ich davonzuschweben,
um dann, entrückt ganz weit,
im Nirgendwo zu leben.

Noch ein Herbstgedicht, dem vorherigen nicht unähnlich. Das Thema scheint poetix nahegelegen zu haben. Wieder ist die Form ziemlich konventionell, auch inhaltlich bleibt es bei dem, was der Herbst so mit sich bringt. Also könnte man sagen: nichts Neues.

Ist diese Feststellung ein Vorwurf? Und, wenn ja, ist er berechtigt? Muss man immer etwas Neues bringen? Wird uns dieser Imperativ eingeredet, und, wenn ja, von wem? Will es das Publikum so? Woher dieser Innovationszwang?

Die moderne Kunst verdankt ihre Existenz einem Akt der Befreiung aus überlieferten Formen. Dieser Bruch war eine Explosion der Originalität. Können war immer noch erforderlich, nur war es schwerer zu erkennen. So kam es zu einer Überbewertung der Originalität gegenüber dem Können, einer übertriebenen Suche nach dem Neuen. Das Problem ist, dass ein Befreiter nicht noch einmal befreit werden kann; selbst wenn es mehrere Fesseln zu sprengen gibt, das Erlebnis der ersten Revolution wird nie wieder erreicht werden. Wie bei einem Crack-Süchtigen: Er ist immer auf der Suche nach dem Kick vom ersten Mal, wird ihn aber nie wieder erleben. Leider gerät so die moderne Kunst, sei sie Kunst des Wortes, des Tones oder des Bildes, zuweilen in Gefahr, auf der Suche nach dem Neuen, dem Originellen zu verkrampfen. Eine Gefahr; denn Originelles, das nicht von selbst aus Genialität entsteht, sondern gesucht wird, Genialität vortäuschen will, gefällt nicht. Bemühte Originalität ist schlimmer als gar keine, eingebildete Genialität lächerlich. Insofern ist es nicht verkehrt, sich mit Konventionellem zu bescheiden, eher nach dem Schönen zu suchen. Daraus jedenfalls sollte poetix kein Vorwurf gemacht werden.

Es ist doch wie bei einem Kaleidoskop: Jeder, der die Natur betrachtet, sieht etwas anderes, Neues. Zugegeben, es ist nicht innovativ, aber doch etwas Eigenes. Es ist eben die Formulierung, die dem Autor für die Situation geeignet schien.

Im nächsten Gedicht erscheint der Herbst als explizite Metapher. Dass der Herbst eine Metapher für die Vergänglichkeit ist, für das nahe Ende, wurde schon erwähnt. Das war bisher ganz allgemein gehalten. Im folgenden Gedicht hat poetix nun konkret über einen Abschnitt seines Lebens gesprochen. Das ist eigentlich kein Jahreszeitengedicht im engeren Sinn. Da es aber das Wort „Herbst" im Titel trägt, wurde es trotzdem hier eingeordnet.

Im Herbst des Lebens

Für Heike

Auf einmal stehen wir im Herbst des Lebens,
der Frühling ist, der Sommer schon gegangen,
es hat die Zeit der Reife angefangen,
genug, genug des Suchens und des Strebens.

Wie ist die Zeit so unbemerkt verstrichen!
Die Kinder sind auf einmal groß geworden,
verdient hast du als Mama einen Orden.
Die Welt und ihre Farben sind verblichen.

Wir wollen noch den Rest des Weges gehen,

genießen, was dabei auch gleich geblieben,

vor allem, dass wir uns für immer lieben.

So lass uns dem, was kommt, ins Auge sehen.

Da werden wir dem Tod uns beide neigen,

in Ruhe schlafen, alte Träume haschen,

von unbekannten Früchten ewig naschen

und unsre Seelen werden aufwärts steigen.

Da bietet sich wieder Gelegenheit, etwas über poetix zu er-
fahren. Zu dem Zeitpunkt, als er dieses Gedicht schrieb, waren
seine Kinder schon groß. Er war also schon in fortgeschrittenem
Alter. Enkel scheint er allerdings noch nicht gehabt zu haben,
zumindest hat er keine erwähnt.

Winter

Es wird Winter. In Anapästen. Ein selten gebrauchtes Versmaß, das oft in Daktylen umkippt. Das könnte stellenweise auch hier so sein – darüber mögen andere streiten. Für das Gedicht ist es eigentlich nicht wichtig.

Winter

Bis zum Anfang des Winters will keiner ihn haben, den Winter.
Harmonie bringt er erst, wenn er da ist, und schon liebt man ihn.
Aus der Welt rinnt die Wärme, die südlichen Winde entfliehn.
Vor der Kälte bewahrt einen nur das Geheimnis dahinter.

Sieh den himmlischen Dom ungeheuer nach oben hin ragen.
Miteinander gefangen in diesen geräumigen Hallen
sind wir Opfer, wenn alles von dort sich anschickt zu fallen.
Das Gesicht wenden wir jenem Fallen entgegen mit Fragen.

In der Tiefe des Weltalls die Sterne, sie halten sich nicht.
Wie sie emsig herabsinken, dichter als dicht im Gewimmel!
Es ist Schnee, der da rieselt wie göttliche Gnade vom Himmel.
Er bedeckt unsre Sünden und ebnet die Welt für das Licht.

Es geht nicht nur um den Winter, auch um den Schnee. Keine Überraschung, beides gehört ja zusammen. Auch hier wieder Religiöses: Sünden, Opfer, Gnade ... schien poetix wichtig zu sein. – Zum Winter gehört auch Weihnachten.

Was braucht man zu Weihnachten?

Wie mutet Weihnacht traulich an,
ob mit, ob ohne Weihnachtsmann!
Geschenke, Schnee, das ist nicht wichtig,
doch Herzenswärme, die ist richtig.

Erinnerungen zu erwecken,
sich zu umarmen, mal zu necken,
Ein Weihnachtsliedchen froh zu singen,
zu hören, wie die Glocken klingen:
das kostet nichts und tut doch gut,
Gefühle strömen: eine Flut!

Manch einer wird auch überlegen,
woher er kommt, der Weihnachtssegen.
Da möge er nur in sich lauschen:
man hört der Engel Flügelrauschen.

Das ist nun wirklich etwas altmodisch, aber andererseits ist
Weihnachten ja auch keine moderne Erfindung. Insofern passt
es irgendwie.

Nacht der Engel

Was ist es, das die eine Nacht
von allen so besonders macht?
Es ist nicht wichtig, dass es schneit:
Die Weihnachtsnacht ist eine Zeit,
da Himmelsengel Menschen werden.
In dieser Nacht sind sie auf Erden
und wollen unsre Leiden teilen,
mit uns von Stund zu Stunde eilen.
Sie geben sich nicht zu erkennen,
die Liebe würde uns verbrennen.

Man trifft die Engel unverhofft,
und wundert sich dann später oft;
denn wenn sie durch die Lande wandeln,
dann trieft der Zucker von den Mandeln.
Man singt, der Glühwein ruft zum Zechen,
wir weinen über unsre Schwächen.
So manche Prüfung hier im Leben
wird uns auch weiter aufgegeben.
Die Welt bleibt meistens, wie sie war,
und doch wird plötzlich vieles klar.

Ein Engel steht dir jetzt zur Seite,

dass er dich in Vergangnes leite:

die Kindheit, Jugend ... alte Liebe

(du wünschst vergeblich, dass sie bliebe).

Die Engel heilen unsre Seelen,

sie sagen uns, wo wir noch fehlen.

Wir können diese Plätze finden

und uns an unsre Lieben binden.

So haben wir dann selbst gewählt,

was letzten Endes für uns zählt.

Der Paarreim weist darauf hin, dass das Gedicht nicht allzu ernst gemeint ist. Trotzdem beginnt es ganz romantisch. In der zweiten Strophe dann auf einmal Spott. In der dritten Strophe setzt sich aber trotz der Randerscheinungen der schöne Charakter von Weihnachten durch.

Weihenacht

Mein Anselm, sprach der Herr Vikar,

jetzt geh ins Priesterseminar

und gib mir auf die Weihen acht;

wir sehn uns dann zu Weihenacht.

Weihnachtsstollen

Es buk gern Herr Meier aus Speyer.
Am Weihnachtstag nahm er zwei Eier,
um Teig auszurollen:
Er buk einen Stollen,
doch leider zu spät für die Feier.

Kinderschreinacht

Nun kann die Feier endlich starten,
das Weihnachtsfest im Kindergarten.
Wie alle durcheinander toben!
Wir wollen das nicht auch noch loben.
Erzieher bremsen, setzen Schranken,
die Kinder kommen auf Gedanken:
Sie klettern auf den Weihnachtsbaum,
versprühen ringsum Teppichschaum.
Juchhe, das sieht ja aus wie Schnee,
bedeckt die Sterne aus Gelee.

Derweil ein kleines Bächlein rinnt,

weil eins der Kinder zu sehr spinnt.

Jetzt machen wir mal richtig Stimmung,

erreicht wird sie durch Lichter-Dimmung:

Das Licht gelöscht, so muss es sein;

denn alle wollen Kerzenschein

im Dunkeln wie in einer Gruft,

dazu der Tannennadelduft.

Nur findet man hier kein Gerippe,

stattdessen steht da eine Krippe.

Natürlich gibt es auch Gesinge,

wir essen dabei Baumschmuckringe

und treiben Unsinn, wie's nur geht,

so mancher spricht ein Stoßgebet.

Um viertel acht ist Schicht im Schacht,

genug gespielt für diese Nacht.

Es war schon festgestellt worden, dass poetix Kinder hatte, vorausgesetzt, dass man sein lyrisches Ich mit seinem realen Ich gleichsetzt. Das darf man selbstverständlich nicht immer, aber bei einem Dichter, den man über seine Gedichte kennenzulernen versucht, ist das ein erster Ansatzpunkt. Er wird also Kinder gehabt haben und offensichtlich auch den dazu erforderlichen Humor.

Weihnachtsabend

Schon dämmert's, schummrig wird's im Wald;
dort schimmert schwach ein kleines Licht
im Unterholz – du nahst ihm bald.
Es schneit, vereinzelt fallen Flocken
und silbern klingen kleine Glocken –
nur sehen können wir sie nicht.

Sie öffnen unsre Herzen weit:
Da wird an andere gedacht,
noch einmal nach sehr langer Zeit,
wie man zu Weihnachten das macht.

Vom Wald ist man nach Haus gekommen,
man liebt sich, keiner will mehr streiten.
Wir warten, bis das Licht verglommen,
erinnern uns der alten Zeiten.

Ein Haiku zu Weihnachten.

Weihnachten –
jede Flocke ist
anders

Auch Karneval fällt in den Winter (ein Limerick).

Karneval

Herr Meier wohnt drüben am Eck,
im Karneval wär er gern Jeck.
Er fährt an den Rhein;
im Zug gibt's zum Schwein
zehn Kölsch und am Ziel ist er weg.

Winternacht

Doppelt kalt wird es und doppelt dunkel,
wenn die Nacht den Winter trifft.
Friere nur, doch sieh: Im Schneegefunkel
zeigt sich eine zarte Schrift.

Kunde gibt sie von der kalten Größe
des nach oben offnen Alls,
dem wir preisgegeben sind in Blöße,
Opfer ewigen Verfalls.

Eis und Leere – Heimat ganz zuletzt;
nur vereinzelt Sternenlicht.
Was auf Erden jemals uns verletzt:
Jenen Ort erreicht es nicht.

Wechselreim und wechselnde Zeilenlängen: abwechselnd
fünf- und vierhebige Trochäen. Das „nach oben offne All" kann
als Enallage angesehen werden.

Frühling

Möge der Frühling mit einem Haiku beginnen.

Mondlicht –

Kirschblüten

tanzen

Frühling ist es, weil die Kirschen im Frühling blühen. Die Kirschblüten im Haiku sind etwas klischeebehaftet, aber deswegen nicht verboten. Es ist eine schöne Vorstellung, dass die fallenden Kirschblüten im Mondlicht tanzen. Der Mond wird im Zen-Buddhismus als Symbol der Erleuchtung verwendet. Man kann bei dem Anblick meditieren. Die einzelnen fallenden Kirschblüten sind in Bewegung, trotzdem stahlt das Bild als Ganzes Ruhe aus. Mit dem Tanz im Mondschein assoziieren wir außerdem verträumte Romantik.

Kirschbäume –

die letzte Blüte

fällt ins Gras

Dieses Haiku scheint auf den ersten Blick traurig zu sein. Mit dem Fall der letzten Kirschblüte hängen keine mehr an den Bäumen. Es ist vorbei mit der Kirschblüte. Der schöne Anblick ist Vergangenheit. Aber die Blüten liegen noch im Gras und sehen für eine Weile auch dort schön aus. Es kommt hinzu, dass der Fall der letzten Kirschblüte auch der Beginn der Reife der Früchte ist. Wir haben gleichzeitig einen Abschied und einen Neuanfang, so ist der Lauf der Natur.

Ostern

Hörst du nicht im Garten

Osterglocken klingen?

Streichelt sie der Wind,

endet langes Warten.

Hör sie doch nur singen,

frei, wie wir nun sind.

Schleicht sich der Narziss an?

Eiern siehst du Hasen,

grasen auf dem Rasen.

Nisan oder Nissan?

Hier spielt poetix zunächst mit der Doppeldeutigkeit des Wortes „Osterglocken". Gemeint sind die Blumen, aber sie klingen. Die Osterglocken heißen auch Narzissen und haben ihren Namen von der Sage um den Narziss, der wiederum Namensgeber für den Narzissmus wurde. Das leitet über auf die Beobachtung, dass unsere Osterbräuche narzisstisch geworden sind: Wir feiern uns selbst und nicht die zugrundeliegenden Ereignisse, wie die eierlegenden Osterhasen zeigen.

Das Gedicht schließt mit der provokanten Gegenüberstellung von Nisan, dem Monat im jüdischen Kalender, in dem die Osterereignisse stattfanden, und Nissan, der Automarke, als Symbol für unsere Konsumgesellschaft. Noch mehr zum Nachdenken:

Ostereier –

die dritte Welt

sucht

Das sind recht viele Probleme für den Frühling. Er sollte doch eigentlich unbeschwert sein! Leider ist er das nicht für alle, wie Friedrich Julius Hammer bemerkt: „Wer nicht glücklich ist, fühlt sich leicht am unglücklichsten beim ersten Erwachen des Frühlings. Wenn die Natur aufzuleben anfängt, möchte es so gern auch das Herz. Kummer und Sorgen drücken dann doppelt schwer." Das Heilmittel wäre natürlich, sich dem Zauber des Frühlings zu öffnen, das Glück der Natur zu teilen und, wenn man so unglücklich ist, dass das unmöglich ist, sich zurückzunehmen und den Liebenden ihr Glück zu gönnen.

Für die meisten jedenfalls ist der Frühling schön. Das folgende Gedicht strahlt etwas von der Freude aus, die er auslösen kann.

Frühling

Frühling bricht durch alle Dämme,
wilde Wogen wollen mahnen,
dass ich ihm entgegen schwämme!
Lüfte bringen leises Ahnen,
tragen mit sich Fruchtbarkeit.

Engel schweigen, tanzen Reigen,
heimlich, in Bescheidenheit,
drüber summen stumme Geigen.

Allerliebste, die sich fehlen,
finden sich im Sonnenschein.
Herzen glühen, wärmen Seelen,
sorglos soll der Frühling sein.

Bei den „wilden Wogen" denkt man an Turgenjews „Frühlingswogen", beim „leisen Ahnen" an Mörikes „Er ist's". Schöne Vorbilder. Doch dann stolpert man über die summenden stummen Geigen. Kann man, wenn man stumm ist, noch summen? Stumm bedeutet doch, gerade bei Geigen, dass sie keinen Laut von sich geben, auch kein Summen. Es handelt sich demnach um ein Oxymoron, eine bewusste Nebeneinanderstellung sich gegenseitig widersprechender Begriffe. Ein bekanntes Beispiel ist Paul Celans „schwarze Milch". Dieses Oxymoron hier ist mit einer Art Binnenreim gekoppelt. Zu viel des Guten? Darüber ließe sich streiten.

Was Übertreibungen betrifft, so gibt es welche, die ins Sentimentale abzudriften drohen (Allerliebste, Herzen glühen, ...). Darf man so etwas schreiben? Ist das nicht Kitsch? Andererseits: Wer will einem verbieten, überschwänglich zu sein? Muss man sich für so etwas verantworten? Und, wenn ja, vor wem?

Zunächst: Es gibt keine Instanz, vor der sich poetix für dieses Gedicht verantworten müsste. Dann kommt hinzu, dass er immer noch behaupten kann, ein kitschiges Frühlingsgedicht parodiert zu haben. Er habe das alles gar nicht selbst empfunden, sich nur darüber lustig gemacht. Damit erhebt sich die Frage: Ist das Gedicht Kitsch oder Parodie?

Auf so eine einfache Alternative lässt sich die Frage nicht reduzieren. Manchmal steht der Autor zwischen beiden Möglichkeiten. Er könnte etwas als Parodie verkaufen, um sich zu schützen, und abwarten, ob das Publikum es als etwas mit einer eigenen Daseinsberechtigung akzeptiert. Es geschieht doch oft im Leben, dass man etwas im Scherz sagt, was man eigentlich ernst meint, um die Reaktionen auszutesten. Man kann sich dann bei Ablehnung immer noch zurückziehen. Jeder Flirt beruht im Prinzip darauf.

Das Schillern zwischen Parodie und Kitsch gleicht also einem Flirt, und wie bei einem Flirt ist es stillos, eine Festlegung zu verlangen. Hier liegt nur das Werk vor, und das kann man mögen oder nicht.

In dieser Situation konnte Kritik nicht ausbleiben. Sie war von poetix sicher erwartet worden, muss ihn aber doch stärker getroffen haben als erwartet, denn er hat darauf reagiert. Jedenfalls lag ihm daran, das Thema noch einmal aufzugreifen, diesmal auf scheinbar „coolere" Art oder das, was manche dafür halten.

Frühlingsrap

Was Vögel tun, wenn sie es treiben,

das will ich mal im Blog beschreiben:

„Fiep, fiep, du kriegst'n Trieb.

Tschiep, tschiep, verbiegst'n Sieb."

Da kommt „the Spring" an,

ist doch kein Ding, Mann.

das rockt, das fetzt
genieß das ... jetzt.

Du fragst dich: „Wozu bin ich da?",
und denkst dabei: „Das ist Blabla."
Doch wenn du übern Jordan gehst,
kann's sein, dass du um Gnade flehst.
Sei's drum, noch ist es nicht so weit.
Reiß 'rum das Steuer, es ist Zeit!

Kick it with your gal, du chillst,
flick mit ihr die Welt – du willst.
Glaub mir, Alter, das ist fair.
Nimm 'ne Nase von der Air.

Was soll dich denn noch dissen,
der Winter hat versch...
Much Feeling und kein Hass,
der Frühling kommt echt krass.

Das ist natürlich auch Geschmackssache. Es ist sogar die
Frage, ob dieses Werk poetix' Geschmack entsprach. Er scheint

nicht der Rapper-Typ zu sein. Andererseits: Mit ungewohnten Formen zu experimentieren ist erlaubt, reizvoll, und erschließt Neues.

Sommer

Auch der Sommer sei mit einem Haiku begrüßt.

Nach dem Regen –
nasser Asphalt
in der Sonne

Der nasse Asphalt in der Sonne kann dampfen, glänzen, spiegeln, riechen, platschen, das bleibt alles unserer Vorstellung überlassen.

Dichten im Sommer

Wenn ich nach Frische giere,
die Tasten malträtiere,
passiert es doch zuweilen:
Es kommt zu echten Zeilen.

Nicht nur die Hitze, auch die goldenen Weizenfelder sind ein Zeichen des Sommers. Lassen wir den Wind darüber streichen!

Weizen im Wind

Aus den Wolken greift der Wind
tief ins Feld, zerwühlt es wild.
Schließ die Augen, spür ihn blind
überall; dann sieh das Bild,
jetzt die Augen wieder offen:
Ähren auseinander spritzen,
peitschend von der Bö getroffen,
Sonnenreflexionen blitzen.

Licht und Schatten im Gewaber,
Halme finden sich zu Garben,
trennen, teilen sich dann aber,
bilden Furchen, wechseln Farben:
Dunkle werden helle Stellen,
die uns leuchten, dir und mir.
Weizen wogt in weiten Wellen,
Ferne ruft – wir bleiben hier.

Eingewandt wurde, dass der Wind in der Atmosphäre ent-
steht, nicht in den Wolken. Nur sehen wir von der Atmosphäre
wenig so deutlich wie die Wolken. So ist wohl auch das Bild
von der pausbäckigen, pustenden Wolke entstanden, das einem

in den Kopf kommen könnte. Dieses Bild indes ist fast schon archetypisch und damit als Chiffre abrufbar. Es greift kindhafte, tief liegende Sichtweisen auf. Vielleicht trifft es die Gefühle in der vorliegenden Situation.

Auch wurde infrage gestellt, dass sich spontan Garben bilden und wieder teilen können. Hierzu schrieb poetix, dass er sich durchaus vorstellen könne, dass lokale Wirbel Halmbündel eindrehen können, die dann wieder auseinander fallen. Dass sich spontan Strukturen aus dem Chaos bilden können, ist bekannt (Prigogine). Er räumte allerdings ein, dass er nicht wisse, ob diese Bündel den Anforderungen an den Begriff der Garbe genügen würden. Gibt es überhaupt dafür eine genaue Definition, eine Art EU-Normgarbe?

Schließlich wurde die Bildervielfalt als zu überwältigend empfunden. Das störte poetix nun überhaupt nicht. Das war es, was er empfunden hatte und was er dem Leser mit dem Gedicht übermitteln wollte.

Der freche Sommer

Der Sommer ist ein frecher Mann:

Er will, wenn man das sagen kann,

die Frauen leicht bekleidet sehen,

lässt ihre Kleidchen fröhlich wehen,

wird sie auch manchmal ganz entkleiden,

um sich an ihnen dann zu weiden.

Die Leere des Sommers

Es ist schon alles durchgewärmt,
du wirst der Hitze überdrüssig.
Die Mücken sind nun ausgeschwärmt.
der Boden wird vor Dürre rissig.

Er war ersehnt, der Sonnenschein,
das Freisein von jedweder Schwere.
Du fühlst: Die Welt ist wirklich rein –
und fällst in eine tiefe Leere.

Dir ist zu viel gegeben worden –
du bist von all dem ganz benommen,
weil die Gefühle überborden,
und fragst: Was soll denn jetzt noch kommen?

Die Sommertraurigkeit ist stimmungsvoll von Lana Del Rey
in „Summertime Sadness" besungen worden („I know if I go,
I'll die happy tonight"). Der Volksmund sagt: „Man soll gehen,
wenn es am schönsten ist." Die Traurigkeit nach Erfüllung der
Wünsche ist ein allgemeines Phänomen und nicht auf die Men-
schen beschränkt: „Post coitum omne animal triste est." (Nach

dem Beischlaf ist jedes Tier traurig). Das Zitat stammt wohl von Aristoteles. Mit dem Zusatz „sive gallus et mulier" (außer dem Hahn und der Frau) wird es Galenus zugeschrieben. Der Verweis auf die Frau hat Schopenhauer dazu verleitet, süffisant hinzuzufügen, diese Traurigkeit sei ein Zeichen für den „edleren" Charakter des Mannes. Schopenhauers Einstellung zu Frauen war schon zu seinen Lebzeiten umstritten und würde heute als chauvinistisch bezeichnet werden.

Verlassen wir die postkoitale Depression und kehren zum Sommer zurück. In jenem Jahr, als das folgende Gedicht erschien, kam er früh und ging auch früh wieder zu Ende. Das veranlasste poetix zu einem Limerick.

Der ausgefallene Sommer

Was denkt sich der Sommer dabei –

kaum da und schon wieder vorbei.

Die Frage ist nun:

Was soll ich nur tun?

Die Lösung: Ich flieg nach Hawaii.

Wie schon Napoleon sagte: „Die Deutschen haben sechs Monate Winter und sechs Monate keinen Sommer. Und das nennen sie Vaterland."

Ganz so schlimm war es dann auch wieder nicht und poetix flog nur in Gedanken nach Hawaii. Aber es gab einen Vorführeffekt: Kaum hatte poetix diesen Limerick gepostet, wurde das Wetter besser. So gesehen hat das Aufschreiben immerhin etwas gebracht.

Malen mit poetix

Malen im Wald

Im tiefen Wald steht deine Staffelei,
auf einer Lichtung äst ein scheues Reh
und grüßt verstohlen eine kleine Fee.
Ein Hirsch hebt stolz sein prächtiges Geweih.

Du malst allein und niemand stört dabei,
im Wald verborgen liegt ein klarer See,
eröffnet dir den Blick auf die Idee.
Dein Bild ist nunmehr rein und fehlerfrei.

Zur Ruhe lege dich ins weiche Moos,
sieh Nymphen dich in weitem Kreis umringen,
ihr Zauber lässt dich niemals wieder los.

Der Augenblick will dich mit Macht umschlingen,
du bist gefangen in des Waldes Schoß,
bis in der Ferne Abendglocken klingen.

Eine strenge Form (Sonett), aber der Inhalt ist sehr lieblich. Ist das ernst gemeint? Ähnlich wie bei „Frühling": Kitsch oder Parodie? Das erfährt der Leser nicht, die Entscheidung liegt bei ihm. Wie viele Ebenen gibt es hier? Existiert das verwunschene Plätzchen (wie es eine Forumsteilnehmerin nannte) wirklich oder handelt es sich um eine Träumerei? Hat er sich das alles nur ausgedacht? Einiges sicher, die Fee und die Nymphen zum Beispiel. Sehr bildhaft.

Zum Malen noch ein Haiku.

Traum vom Bild –

Farben auf der Leinwand –

ausgeträumt

Wie die meisten Menschen hat auch poetix irgendwann gemalt, sei es gezwungenermaßen in der Schule, sei es später aus Spaß oder hobbymäßig. Jedenfalls hat er behauptet, zu dem folgenden Gedicht durch ein eigenes Bild aus seiner Jugend inspiriert worden zu sein.

Hoffen

Die Welt ist wüst und leer.
Inmitten jenes Raumes,
wo kalte Träume schweben –
ein offnes, trocknes Meer.

Als Frucht des toten Baumes
entsteht das Menschenleben.

Dort welkt der Mensch dahin
und sucht nach einem Sinn,
   er fällt
      und sinkt,
         vergeht,
ein Blatt im Wind, verweht.

Die Zeit lässt alles offen.
Wenn vieles auch zerbricht,
so können wir doch hoffen:
auf mildes Sonnenlicht,
es hilft – nur jetzt noch nicht.

Auch hier wieder ein Oxymoron: die „Frucht des toten Baumes". Das erwähnte Bild lässt sich im Netz finden (und ziert, leicht farbverfremdet, das Cover dieses Buches). Es zeigt einen toten Baum, Symbol des vergehenden Lebens, an dem, gewissermaßen als Frucht, eine menschliche Maske wächst, wie ein Blatt, das welkt. Der Baum steht in einer Landschaft, die einem ausgetrockneten Meer ähnelt und über der auf einer Seite dunkle Kristalle schweben: die kalten Träume. Auf der gegenüberliegenden Seite im Hintergrund findet sich das einzig Positive in dem Bild – die Sonne, eine Hoffnung für die Zukunft.

Die Szenerie ist recht pessimistisch, auch das Gedicht – der Schluss kann es kaum herausreißen. Andererseits aber zeigt das Bild symbolisch „die zwei Seelen in unserer Brust" (Goethe). Die materielle, irdische Seite und die hoffnungsvolle, jenseitige, beide getrennt durch einen tiefen Riss in der Erde und beider Farben sich widerspiegelnd in der Maske.

Was das Malen betrifft, hat poetix noch mehr getan. Er hat sogar eine Anleitung zum Malen gegeben. Hier kommt sie:

Wir malen

Den Pinsel in die Hand!
Jetzt male an die Wand!
Ein Kreis soll es mal sein,
zwei Punkte dann hinein.
Du denkst, das wird ein Kopf?
Doch nein, es ist ein Knopf.

Tierisches

Doppelmord

In einer kalten Winternacht im Mondenschein,
flog einst ein Mückenpärchen in ein Haus hinein.
Dort schliefen grad zwei Menschen tief und wonniglich,
da fragte keck die Mückerin den Mückerich:

„Wohin lädst du mich ein? Was machst du denn mit mir?
Was ist das für ein düstrer Raum, es ist doch hier
genauso kalt wie draußen." Darauf er zu ihr:
„Das schon, doch biet ich eine warme Mahlzeit dir."

Sie dankte sehr und ließ sich das nicht zweimal sagen,
sie setzte sich und schlug sich voll mit Blut den Magen.

Er selber aß nicht mit, ihm war noch nie nach Blut...
Die Menschen wachten später auf, ganz wohlgemut,
juchhe, da schlugen sie die beiden Mücken tot –
wozu denn nur? Das Blut war weg, der Fleck war rot.

doppelt

doppelt so genau

doppelt schuftet man am bau

doppelt sind die augen und so blau

doppelt ist das wau wau wau wau wau wau wau

doppelt dann der Kabeljau und grau   wau

doppelt sagt man es der frau   wau

doppelt so genau   wau

        wau

doppelt so genau   wau

doppelt schuftet man am bau   wau

doppelt sind die augen und so blau   wau

doppelt ist das wau wau wau wau wau wau wau

doppelt dann der kabeljau und grau

doppelt sagt man es der frau

doppelt so genau

Tierasyl

Verfallen ist der Taubenschlag,
wer weiß, ob's an den Schrauben lag?
So sind zwei Tauben ausgeflogen
und gleich in unser Haus gezogen.
Hier leben sie als zahmes Pärchen,
daneben wohnt ein lahmes Bärchen.
Wir haben viele solche Tiere,
darunter auch der Molche viere.

Sie dürfen gern auch frei hier laufen,
nur Vorsicht, dass nicht zwei sich raufen!
Denn wer soll unsern Schmerz ermessen,
wenn etwa Löwen Nerze fressen?
Die Tiere muss man vorher trennen,
dass sie nicht durcheinander rennen.
Kein Tier wird uns von hier entrissen,
wir würden es sonst sehr vermissen.

Der ungestriegelte Beagle

Fehlt ihm der Striegel,
hilft sich der Beagle
vor seinem Spiegel
mit einem Igel.

Die nicht patzenden Katzen

Statt zu patzen,
schlagen Katzen
mit den Tatzen
nach den Ratzen,
bis sie platzen.

Das Taubenleben

Ein Taubenpaar – wie ist ihr Leben
vom Nestbau bis zum Liebe-Geben?
Das ist doch eigentlich ganz klar:
Sie opfern es am Nestaltar.

Wird denn ihr Dasein nicht verblassen,
wenn ihre Jungen sie verlassen?
So traurig sehen sie dann aus,
es bleibt für sie und uns ein Graus.
Als ob sich ihre Herzen lösten ...
Doch können sie zu zweit sich trösten.

Wo immer die Gedanken weilen,
sie können das Vergangne teilen
und lieben sich ein Leben lang.
Ihr Gurren hat den gleichen Klang.

Das hat etwas Tröstliches für alle Eltern, deren Kinder eines
Tages aus dem Haus gehen. Stand poetix zu dem Zeitpunkt, als
er dieses Gedicht schrieb, vor solch einer Situation? Vielleicht
war es auch noch nicht soweit und er hatte nur Angst davor.
Andererseits will man ja, dass die Kinder eines Tages selbst-

ständig werden und eine eigene Familie gründen. Außerdem können Menschen, anders als Tauben, nach der Trennung Kontakt halten.

Der allzu kleine Igel

Ach je, du armes Igelein,

du bist ja wirklich viel zu klein!

Wie willst du durch den Winter kommen?

Da wirst du von uns mitgenommen.

Wir nähren dich mit Katzenfutter,

umsorgen dich wie eine Mutter.

Und bist du schließlich groß und fett,

so heißt es: Tschüss, es war sehr nett!

Und einmal im Vorübergehen,

da werden wir uns wiedersehen.

Dabei wirst du uns nicht erkennen,

doch unsre Augen werden brennen.

Das dürfte etwas für Kinder sein (auch für Kind gebliebene Erwachsene). Man kann vermuten, dass poetix, seine Frau oder seine Kinder mal einen Igel über den Winter gebracht haben, vielleicht sogar öfter.

Werden aber Kinder das mit den brennenden Augen verstehen? Gemeint ist offenbar jenes Gefühl, das man hat, wenn einem die Tränen kommen, hier die Tränen der Rührung bei der Begegnung, auch der Trauer, dass der Igel einen nicht wiedererkennt, dass man ihn nicht mehr vor den vielen Gefahren seines Igellebens schützen kann. Aber so ist der Lauf des Lebens und alles andere wäre nicht im Sinne des Igels.

Eine der Gefahren für den Igel ist es, bei Nacht überfahren zu werden. In einem Forum wurde erwähnt, dass eine Interpretationsmöglichkeit für die letzte Zeile sein könnte, auf diese Gefahr hinzuweisen: die brennenden Augen = die brennenden Scheinwerfer. Dazu hat poetix erklärt, dass er selbst diese Interpretation nicht gesehen hätte. So ist das manchmal: Die Gedichte entwickeln ein Eigenleben, sagen auf einmal Dinge, an die der Dichter gar nicht gedacht hatte.

Pferd und Reiter

Das Pferd trägt seinen Reiter,

trabt heiter immer weiter.

Der Reiter ist beleibter –

fällt er oder bleibt er?

Haha, das klingt wie „Hoppe hoppe Reiter", nicht nur wegen des gespaltenen Reimes am Schluss.

Ob das folgende Werk auch zu den Tiergedichten gezählt werden kann, wird nicht ganz klar. Drei Quartette im Kreuzreim.

Vollmond

Wer will nicht mit den Wölfen heulen,
wenn sacht das Herz des Menschen weint
und Schatten rings die Erde fäulen,
weil über ihr der Vollmond scheint.

Wie silbrig schimmern wir und falb!
Wir sehen dieses Spiel mit Bangen.
Es ist, als seien wir schon halb
aus unsrer Welt hinausgegangen.

Die andre Welt, sie zieht uns an,
im Diesseits hält uns nur die Sorge,
dass jene Macht sich irgendwann
das Tiefste unsrer Seele borge.

Wieder der Vanitasgedanke, den poetix so gern zelebrierte: Weltleid, faulende Erde, das Hinausgehen aus der Welt. Mit der Fellfarbe „falb" stellt sich die Frage, ob eine Verwandlung in einen Werwolf beschrieben wird. Diese Frage betrifft aber nur Äußerlichkeiten und wird nicht beantwortet. Die eigentliche Sorge gilt dem „Tiefsten der Seele" und der Möglichkeit des Verlustes desselben durch Mächte, die nur ansatzweise erkannt werden.

Zu den unheimlichen Begegnungen gehört auch diese:

Begegnung im Nebel

Der Nebel stieg die letzten Stunden,

es hob sich wallend eine Wand.

Dahinter ist die Welt verschwunden

und, während sie im Nichts verschwand,

erweckten Schwaden in mir Tiefen,

die besser im Verborgnen schliefen.

Ich scheine in ein Loch zu fallen,

wo dunkle Schemen lauern, lallen.

Schon löst sich jemand aus dem Dunst

und nähert sich mit weiten Armen.

Gewährt ein Geist mir seine Gunst?

Hat er mit Sterblichen Erbarmen?

Zu jammern scheint er und zu klagen,
er deutet an, verspricht recht viel,
auch will er mir wohl etwas sagen,
verschleiert sich und spielt ein Spiel.
Hat er mich etwa ausgelacht?
Da wird der Schatten schon zerrissen:
Es ist ein leichter Wind erwacht.
Die Wahrheit werd ich niemals wissen.

Da wird ein Geist erwähnt, seine Existenz bleibt zweifelhaft. Kann man das als übersinnlich bezeichnen oder nicht?

Nicht? Dann also explizit Übersinnliches (im nächsten Kapitel.)

Auch Prosa muss erlaubt sein

Ein Wiedersehen

Frau Schmidt war noch bei Bewusstsein. Sie war gerade erst in den OP gebracht worden. Merkwürdig, wie ruhig sie war. Dabei bedeutete dieser Raum etwas für sie. Hier war vor fünf Jahren ihr Mann gestorben. „Mors in tabula" nannte man das, als ob einem der Tod auf einer Tafel serviert würde. Sie war eine vernünftige Frau. Trotzdem hatte sie damals sehr gelitten. Oft hatte sie danach noch geglaubt, die Stimme ihres Mannes zu hören. Es war nur eine Stimme in ihrem Kopf. Ihr Verstand sagte ihr, dass es nicht wirklich ihr Mann sein könne, aber ihr Herz wollte glauben, dass er es doch wäre. So wurde sie hin- und hergerissen zwischen Glauben und Zweifeln. Meistens hatte sie seine Stimme gehört, wenn sie in schwierigen Situationen war. Auch heute war sie wieder in einer schwierigen Situation. In dieser OP ging es um Leben oder Tod. Ob ihr Mann wieder zu ihr sprechen würde?

Sie hatte ein Beruhigungsmittel bekommen und wurde langsam müde. Der Anästhesist begann, langsam die Narkose einzuleiten. Wie die Zeit auf einmal stehen zu bleiben schien! Ihre Augen waren zugefallen und sie glaubte, das Gesicht ihres Mannes vor sich zu sehen. Er sah sie zärtlich an und dann sprach er mit ihr. Er beruhigte sie, sagte ihr, dass sie keine Angst haben müsse. Er sei ja bei ihr. Er fasste sie bei der Hand. „Komm mit mir!", sagte er. Sie hatte überhaupt keine Angst und folgte ihm. Aber sie gingen nicht, sie schwebten. Es war seltsam: Als sie sich umwandte, sah sie sich noch auf dem OP-Tisch liegen. Dann blickte sie wieder nach vorne. Sie schwebten auf ein weißes Licht zu. War es eine OP-Lampe? Nein, dieses Licht war viel schöner als das einer Lampe, es verströmte Wärme, strahlte Geborgenheit aus und zog sie an. Sie war jetzt glücklich, umarmte ihren Mann und gemeinsam tauchten sie ein in das Licht.

Die Ärzte hatten ihr Bestes versucht, vergeblich. „Zeitpunkt des Todes: zwanzig Uhr fünfzehn", sagte einer. Dann gingen sie zum nächsten Patienten. Keiner bemerkte das glückliche Lächeln auf dem Gesicht der verstorbenen Patientin.

Da fließen Berichte über Nahtoderfahrungen ein. So etwas gibt es ja. Es wird nicht gesagt, ob poetix tatsächlich glaubt, dass diese Berichte eine Realität widerspiegeln. Seine Haltung ist ja meistens diplomatisch zurückhaltend, die Geschichte damit eher eine Spekulation.

Das Einhorn und der Mond

Es war einmal ein Einhorn. Ganz allein lebte es im Wald. In manchen Nächten tauchte der Mond das Einhorn in silbriges Licht. Das Einhorn empfand tiefe Dankbarkeit dafür – mehr noch: Es liebte den Mond seit Langem, wenn auch nur aus der Ferne. Der Mond wusste nichts davon. Wie sollte er auch: Die Welt war so groß. Er schwebte darüber, ohne sich darum zu kümmern. Ein bisschen eitel war er vielleicht schon, wie er so über der Erde thronte; aber er war ja auch wirklich schön anzusehen.

Allzu gern wollte das Einhorn dem Mond nahe sein. Doch wie sollte das geschehen? Es schien unmöglich zu sein. So verzehrte es sich vergeblich vor Sehnsucht. Wer in sein Herz hätte sehen können, hätte gewusst: Seine Liebe war rein. Was konnte es nur tun, um den Mond auf sich aufmerksam zu machen? Jede Nacht sang es dem Mond mit kristallklarer Stimme seine besten Lieder vor, aber – ach – der Mond konnte es nicht hören. Jahre vergingen, das Einhorn alterte nicht und auch seine Liebe verging nicht. Sollte es die Hoffnung aufgeben?

Schließlich, fast am Ende seiner Hoffnung, ging das Einhorn zur weisen Eule und klagte ihr sein Leid. Die Eule dachte lange nach, dann sagte sie: „Wenn ich auch nicht weiß, ob ich dir helfen kann, so will ich es doch zumindest versuchen. Vielleicht kannst du die Aufmerksamkeit des Mondes erringen, aber es wird dich dein Leben kosten. Bist du dazu bereit?" Das Einhorn erwiderte: „Für ein einziges Wort vom Mond würde ich gern sterben." – „Nun gut", meinte die Eule und gab dem Einhorn drei Dinge: einen Hering, einen Apfel und einen Käfer. „Geh morgen früh zum Meeresstrand und rufe den Sägefisch, gib ihm den Hering und bitte ihn, dir dein Horn abzusägen. Dann geh zum Biber, gib im den Apfel und bitte ihn, das Horn zu zerraspeln und die Späne mit Schlamm zu vermischen. Den Brei soll er auf den Stumpf streichen und du musst dabei die Worte sprechen: 'memet sacrum faciam'. Zu dieser Zeit dürfte es schon Nachmittag sein. Ruhe dann bis zum Einbruch der Nacht. Inzwischen wird aus dem Stumpf eine wunderschöne Blume gewachsen sein. Allerdings wird dich das deine ganze Lebenskraft kosten. Du musst sterben. Jedoch wirst du noch ein wenig Zeit haben. Ruf die Fledermaus, gib ihr den Käfer und bitte sie, dir die Blume abzubeißen. Wenn der Mond aufgeht, geh auf einen Hügel und lege die Blume dort für den Mond nieder. Wenn du Glück hast, wird der Mond sie sehen und mit dir sprechen."

Das Einhorn willigte ein und ging am nächsten Morgen zum Meeresstrand. Es rief den Sägefisch, gab ihm den Hering und bat ihn, das Horn abzusägen. Der Sägefisch hatte Mitleid mit dem Einhorn und gab zu bedenken: „Wenn du das zu Ende führst, wirst du sterben. Überlege es dir noch einmal. Bleib doch hier am Strand und ich werde dir jeden Abend Geschichten erzählen von den Schiffen und den Küsten, an die ich komme." Aber das Einhorn sehnte sich nach dem Mond und lehnte dankend ab. Also sägte der Sägefisch ihm das Horn ab.

Nun ging das Einhorn zum Biber, gab ihm den Apfel und bat ihn, das Horn zu zerraspeln. Auch der Biber hatte Mitleid, aber auch er konnte das Einhorn nicht umstimmen. Also zerraspelte er das Horn und vermischte die Späne mit Schlamm. Es bestrich den Stumpf damit, das Einhorn sprach „memet sacrum faciam" und wartete ab. Bei Einbruch der Nacht war aus dem Stumpf eine wunderschöne Blume gewachsen und das Einhorn war sehr schwach geworden. Es war die schönste Blume der Welt. Sie leuchtete von innen. Das Einhorn rief die Fledermaus, gab ihr den Käfer und bat sie, die Blume abzubeißen. Die Fledermaus musste weinen, als sie das sterbende Einhorn sah, aber sie tat, worum sie gebeten worden war. Inzwischen war der Mond aufgegangen. Das Einhorn nahm die Blume und schleppte sich mit letzter Kraft auf einen nahe gelegenen Hügel, auf dem Schafe weideten. Dort legte es die Blume aufs Gras und sich selbst zum Sterben daneben. Seine brechenden Augen spiegelten den Mond. Aber der Mond bemerkte das Einhorn noch immer nicht. Er wusste nicht einmal, dass es existiert. Er bemerkte auch die Blume nicht.

Die Blume blieb liegen und wurde von den Schafen zertrampelt.

Das Einhorn aber lag tot daneben und zerfiel zu Feenstaub. Dieser stieg hoch empor in den Himmel, bis zum Mond. So kamen sie doch noch zusammen, das Einhorn und der Mond.

In manchen kalten Nächten können wir die beiden auch heute noch zusammen sehen. Dann beobachten wir, wie eine silbrig glänzende Staubwolke den Mond umhüllt, ihn liebkost und streichelt und mit ihm über die Erde schwebt.

Traurig-schön. Eine hoffnungslose Liebe – erstaunlich, wozu sie fähig ist. Erinnert an Andersens Märchen. Wahrscheinlich nicht jedermanns Sache, aber manche Leser in den Foren haben es geliebt. Einige beklagten das melancholische Ende. Es muss so sein. Das Einhorn scheitert zwar vollkommen mit seiner Liebe, aber in einer traurigen, merkwürdigen, unvorhersehbaren Weise gelangt es doch noch ans Ziel. Es ist oft so im Leben: Man scheitert und aus der Wehmut entsteht etwas Neues, anderes, etwas, an das man gar nicht gedacht hatte. Gilt nicht Gleiches für unser ganzes Leben? Wer weiß, was nach dem Ende, dem Tod, an Überraschungen kommt? Und im täglichen Leben: Sollten wir nicht versuchen, auch dem größten Scheitern noch etwas Positives abzugewinnen? Noch mehr Prosa?

Weiße Weihnachten

Es war einmal eine junge Mutter. Sie war eine herzensgute Frau und hatte noch niemals jemandem etwas Böses getan. Die Umstände hatten dazu geführt, dass sie sehr arm war, so arm, dass sie keine Wohnung hatte. Sie irrte mit ihrem Baby, einem Mädchen, durch die Straßen der Stadt. Der Vater des Mädchens war bei einem Unfall gestorben und so waren Mutter und Tochter ganz allein.

Es war Heiligabend und es war sehr kalt. Eine Kältewelle hatte das Land erfasst. Die Temperaturen lagen weit unter dem Gefrierpunkt und viele Tiere waren schon erfroren. Überall lag Schnee. Die Menschen in den warmen Wohnungen freuten sich über den Schnee. Sie sagten: „Wie schön, wir haben weiße Weihnachten!" Aber die arme Mutter freute sich nicht über den Schnee. Sie hatte nicht genug warme Kleidung und fror entsetzlich. Aber das Baby hatte sie warm eingewickelt. Aus den dicken Decken lachte ihre Tochter sie fröhlich an. Sie war das Einzige, was sie hatte auf der Welt. Sie liebte sie über alle Maßen.

Obwohl das Baby warm eingepackt war, war es krank geworden. Die Mutter machte sich große Sorgen. Für einen Arzt hatte sie kein Geld, auch Medikamente und genug zum Essen konnte sie dem Kind nicht bieten. Wenn sie erfror, wer sollte für das Kind sorgen? Was für ein Leben sollte es haben, wenn es aufwuchs? Die Mutter sah keinen Ausweg, als das Kind in die Obhut einer reichen Familie zu geben. So legte sie das Baby vor die Tür einer vornehmen Villa, klingelte und versteckte sich hinter einem Busch. Die Tür wurde geöffnet und eine gut gekleidete Dame nahm das Baby mit ins warme Haus. Die Leute in dem vornehmen Haus hatten sich schon lange vergeblich ein Kind gewünscht. Als sie das Baby sahen, drückten ihre Gesten so viel Mitgefühl aus, gepaart mit Freude über das unverhoffte Weihnachtsgeschenk, ja sogar Liebe für das arme Würmchen, dass die Mutter wusste, diese Leute würden ihr Baby wie eine Tochter aufnehmen. Die Mutter hinter dem Busch weinte. Sie war sehr traurig, aber auch beruhigt: Jetzt würde es ihrem Kind gut gehen, es würde überleben.

Gegenüber der Villa war der Stadtpark. Dort gab es ein kleines Tannenwäldchen. Die Mutter machte sich auf den Weg dorthin und stellte sich vor, die Tannen wären Weihnachtsbäume. Der Gedanke, dass sie Weihnachten ohne ihr Baby verbringen sollte, brach ihr fast das Herz. Sie wusste nicht, ob sie in ihrer dünnen Kleidung die eisige Nacht überleben würde und sie hatte auch aufgegeben, gegen die Kälte anzukämpfen. Ohne ihre Tochter hatte sie der Lebenswille verlassen.

Als sie auf die Tannen zuging, sah sie durch ihren Tränenschleier eine Krippe unter den Bäumen und daneben Josef und Maria. Sie wusste nicht, ob sie träumte oder wachte, aber, als sie näher kam, winkte Maria sie zu sich heran. Sie trat hinzu und kniete vor dem Christkind nieder. Die arme Frau war schon sehr lange nicht mehr freundlich berührt worden, außer von ihrem Baby. Jetzt aber lächelte Maria sie an und strich ihr liebevoll übers Haar. Da wurde sie ganz ruhig, eine wundersame Wärme durchströmte sie. Sie spürte die Kälte nicht mehr und fühlte sich wohl. Maria lud sie ein, sich neben die Krippe zu legen. Das tat sie und plötzlich erschienen überall zwischen den Bäumen Engel und sangen. Was sie sangen, ähnelte Weihnachtsliedern, klang aber viel schöner als irgendeine menschliche Musik. Die Frau schloss glücklich die Augen und schlief friedlich ein.

Am nächsten Tag fand die Polizei die Frau tot unter den Bäumen. Die Untersuchung ergab, dass sie erfroren war, mit einem Lächeln auf den Lippen. Die arme Frau wurde auf Kosten der Gemeinde bestattet. Ihre Seele aber kam in den Himmel. Sie erhielt die Lichtgestalt eines Schutzengels. So kehrte sie auf die Erde zurück, wo sie über ihre Tochter wachte, solange diese lebte. Auf diese Weise kamen Mutter und Tochter doch wieder zusammen und waren miteinander viel vertrauter, als je zwei Menschen es hätten sein können.

Kitschig oder mutig? Das bleibt wieder offen, ähnlich wie bei den Gedichten „Frühling" und „Malen im Wald". Poetix macht sich zuweilen ein Vergnügen daraus, im Undefinierbaren zu verweilen. Er will sich nicht festlegen lassen. „Non ubique omnia esse dicenda" („Man darf nicht überall alles sagen"), stellte schon Luther fest und bezog sich dabei auf Äsops Fabel vom Fuchs, der einen Schnupfen vortäuschte, als der Löwe ihn nach dem Geruch in seiner Höhle fragte.

Miteinander gehen

„Sie gehen miteinander", sagte man in ihrer Jugend, wenn
zwei Menschen fest zusammen waren. Und sie waren fest zu-
sammen, seit Jahrzehnten. Irgendwann hatten sie geheiratet,
Kinder bekommen. Die Kinder waren inzwischen erwachsen
geworden und ihrer Wege gegangen. Sie selbst waren mitei-
nander alt geworden. Und immer noch gingen sie gern mitei-
nander, sei es durch die Stadt oder durch die Natur.

Heute gingen sie durch ihren Lieblingswald. Es war Sommer
und es hatte geregnet. Jetzt schien wieder die Sonne. Trotzdem
war der Weg schattig. Die Erde, das Moos, die Pilze, die Baum-
borken, die Nadeln, die Blätter, alles duftete nach Feuchtigkeit
und Frische. Zu zweit genossen sie die Natur doppelt. Wie das
Sprichwort sagt: Geteiltes Leid ist halbes Leid, geteilte Freude
ist doppelte Freude. Sie hatten viel miteinander geteilt, Gutes
und Schlechtes. Was für eine Freude es war, so durch die Natur
zu schlendern, ein Teil von ihr zu sein. Sie glaubten, die Vögel
des Waldes zu verstehen, wie sie jubilierten.

Es war so schön, dass sie beinahe Raum und Zeit vergaßen.
Der Wald öffnete sich auf eine Wiese, die sich über einen Hügel
erstreckte. Darüber spannte sich ein Regenbogen. Am Ende
eines Regenbogens würde man einen Topf voll Gold finden,
heißt es in einer alten keltischen Sage. Nur, das weiß jeder,
kann man das Ende des Regenbogens nicht finden. Heute aber
fanden die beiden das Ende des Regenbogens. Es war direkt
vor ihnen, strahlte auf und lud sie ein, den Bogen zu betreten.
Es gab ihn tatsächlich: ein Gebilde aus flirrendem Licht. Und er
trug sie, als sie ihn Hand in Hand bestiegen. Sie gingen, nicht

zögernd oder ängstlich, nein, mit schlafwandlerischer Sicherheit, beinahe schwerelos, als wäre es das Natürlichste von der Welt. Sie gingen miteinander über den Regenbogen.

Bald waren sie hoch über der Landschaft. Es erschien ihnen wie ein Traum, den sie gemeinsam träumten. Sie blickten sich gegenseitig in die Augen, dann auf die Wiesen und Wälder, dann wandten sie sich wieder einander zu und lächelten sich an. Der Regenbogen führte sie in die Wolken. Es wurde dunstig, sie konnten nicht mehr weit sehen. Beinahe hätten sie erwartet, an die Himmelspforte zu gelangen, mit Petrus davor. Nein, so war es nicht. Sie hörten auf einmal Stimmen, tröstende, beruhigende, liebende Stimmen, die ihrer verstorbenen Eltern, Großeltern und viele andere. Ihnen wurde leicht ums Herz. Sie fühlten sich gleichzeitig als Kinder und als erwachsene Eheleute. Vor ihnen leuchtete ein warmes Licht, das sie anzog. Sie gingen darauf zu und, als sie ankamen, tauchten sie ein in ein unbeschreibliches Gefühl des Friedens und der Geborgenheit. Sie waren miteinander gegangen und angekommen.

Und wieder die Nähe zur Sentimentalität. Bei dem Thema ist andererseits viel erlaubt. Wie dem auch sei, das Bild ist eingängig. Es wirft allerdings auch Fragen auf. Die meisten Religionen sprechen davon, wie der einzelne Mensch ins Paradies kommen kann. Wie verträgt sich das mit dem hier vorliegenden Bild von zwei Menschen, die gemeinsam dorthin gelangen? Dazu mehr:

Atmanau

Kann die Seelenpartnerschaft der Liebe mit der Philosophie der Atman-Brahman-Beziehung in Einklang gebracht werden? Das Atman ist das Einzelne, Individuelle, die eigene Seele, das Selbst, das innerste Sein des Menschen. Nach jener Philosophie, die meist Vedanta genannt wird, ist das Atman, wenn man ihm auf den Grund geht, identisch mit dem Brahman, dem Ganzen, dem Universum, der Weltseele. Das zu erkennen ist unsere Aufgabe. Wenn das Atman aufgeht in einer Zweierbeziehung, wenn man ohne den anderen unvollständig ist, zählt dann diese Zweiheit als Eines? Wenn wir uns aber in einer unteilbaren Zweiheit befinden, sind wir dann auch in dieser Zweiheit identisch mit dem Universum?

Die Zweiheit der Seelen statt des einen eigenen Atman, wenn es sie gibt, wie sollen wir sie nennen? Es gab im Sanskrit den Dual als Numerus. Dieser bezeichnet eine Zweiheit von Dingen. Der Dual von „Seele" (Atman) lautet in dieser Sprache im Nominativ Atmanau. Das wäre wohl die angemessene Form für die Zweiheit von Seelen.

Das Atman in seiner abstrakten Form, d. h. ohne den störenden Einfluss von Maya, dem Weltgetriebe, unterliegt nicht den Anschauungsformen von Raum und Zeit. Ebenso nicht seine Einheit mit dem Brahman. Wie ist es dann mit der Zweiheit, dem Atmanau? Ist auch diese eine Eigenschaft des Universums? Das hieße, in zeitgebundener Sprache, die Zweiheit der Liebenden wäre im Universum schon vorgegeben? Sind demnach Liebende von Anfang an füreinander bestimmt?

Manche mögen das glauben. Manche mögen auch glauben, dass wir unseren Seelenpartner eventuell nicht in diesem, sondern in einem von vielen Leben finden. Dass erst diese Dualität unsere Existenz vervollkommnet und uns unsere Einheit mit dem Brahman erkennen lässt.

Im Vedanta-System gibt es verschiedene Schulen. Da ist einmal das Schule des Advaita (Nicht-Dualität). Gemeint ist eben die Einheit (Nicht-Dualität von Atman und Brahman). Diese Lehre läuft auf eine Form des Monismus hinaus. Wenn alles eins ist, wird es allerdings schwierig, von einer Zweiheit der Seelen zu sprechen. Andererseits gibt es aber auch die Schule des Dvaita-Vedanta (Vedanta der Dualität), das individuelle Seelen als vom Brahman getrennt zulässt. Die Dualität der Seelen wäre hier möglich. Wäre aber auch die Einheit mit dem Brahman möglich? Letztere ist ja eher im Advaita-System angelegt. Voraussetzung wäre dort nur, die Dualität zweier Seelen, das Atmanau, als Vorstufe des Einswerdens mit dem Brahman anzusehen. Das wäre vorstellbar. Störend ist es aber schon, etwas so Wunderbares wie die Liebe mit der Verschmelzung von allem zu einem in einen Topf zu werfen.

Das Wort Atmanau bezeichnet sprachlich zwei Seelen, deren Dualität durch die Form anerkannt wird. Nun soll also diese Zweiheit begrifflich über das Sprachliche hinausgehen. Ist es das, was wir meinen, wenn wir von der ewigen Liebe sprechen? Natürlich ändert sich die Liebe im Lauf der Zeit. Die schicksalhafte Verbundenheit aber wird überzeitlich gedacht. Auf einer höheren Seinsstufe als unserer jetzigen mögen wir die Gesamtheit dieses wundervollen Geschenkes erkennen können, ja, es könnte eine Teilhabe an jedem einzelnen erlebten Augenblick geben, wie wir sie uns jetzt noch nicht vorstellen können.

Zu zweit alles sein! Das ist die Einheit von Atmanau und Brahman. Das ist etwas, das man in der Liebe zu erahnen glaubt. Es ist indes mehr als ein Gefühl. In diesem Gedankengebäude wird der Liebe eine eigene Existenz zugeschrieben. Genauso real, als ob wir sie anfassen könnten. Und wenn wir sie erfahren, können wir spüren, dass sie unsere Bestimmung ist. Grund genug, sie wirklich ernst zu nehmen und sie nicht nur für eine Laune der Natur zu halten. Sie ist Teil der Ewigkeit.

Der Abgrund

Herr A. wachte auf. Er war verwirrt und wusste nicht, wo er sich befand. Er lag auf einem dunkelroten Läufer in einem Korridor im Innern eines Gebäudes. Keine Fenster. Nur Türen, auf denen ovale Messingschilder prangten, die nummeriert waren. Der Gang lag in einem goldgelben Schummerlicht und wirkte seltsam altertümlich. Das Licht kam von Armleuchtern, die aus holzvertäfelten Wänden wuchsen. Die Decken waren mit Stuck verziert. Das Ambiente wirkte wie ein Hotel aus der Belle Époque. Herr A. versuchte sich zu erinnern. Er war am Abend ganz normal in seinem Bett zu Hause schlafen gegangen. Nichts war ihm ungewöhnlich erschienen. Wie war er hierhergekommen? Was war passiert? Er fühlte sich benommen. War er betäubt worden? Er fand keine Antwort.

Mühsam rappelte er sich auf und versuchte, seine Umgebung zu erkunden. Er wankte bis zur nächsten Ecke. Dort zweigte ein anderer Korridor ab, genau gleich dem, in dem er aufgewacht war. Er folgte diesem bis zur nächsten Ecke. Wieder ein Korridor. Und so weiter. Die Korridore bildeten eine Art Labyrinth. Herr A. fand keinen Ausgang. Alles war absolut menschenleer. Kein Laut war zu hören. Herr A. klopfte an einige der Türen, ohne Antwort zu erhalten. Schließlich versuchte er die eine oder andere Türklinke zu betätigen. Die Türen waren verschlossen.

Panik stieg in ihm auf. Er wollte hinaus. Aus seinem Wanken wurde ein hastiges Vorwärtsstolpern, von Zeit zu Zeit sogar ein Laufen. Es gab Differenztreppen, die er in zwei, drei Sprüngen nahm, dann wurden die Gänge einmal schmaler, einmal weiter. Auch sah er Messingschilder mit Pfeilen und Hinweisen. Allerdings waren die Hinweise in einer Sprache verfasst, die er nicht kannte. Er prägte sich eine dieser Beschriftungen ein und folgte den entsprechenden Pfeilen. Tatsächlich hatte er Erfolg. Er gelangte zu einem Treppenhaus. In der Mitte war ein Fahrstuhlschacht, der Fahrstuhl befand sich auf seiner Etage. Es war ein alter Fahrstuhl, vergittert. Herr A. blickte in den Fahrstuhlschacht – nach oben und unten. Er konnte im Halbdunkel weder oben noch unten ein Ende erkennen. Die unabsehbar vielen Treppen zu Fuß zu bewältigen, war aussichtslos. Aber vielleicht konnte er mit Hilfe des Aufzuges einen Ausgang erreichen. Er öffnete die mit Jugendstilmotiven verzierte Gittertür des Fahrstuhls und trat ein.

Das Bedienfeld war aus Messing mit elfenbeinfarbenen Knöpfen. Die Beschriftung war merkwürdig. Angegeben waren offenbar nur relative Höhen, wobei der Bezugspunkt nicht klar war. Bezogen sich die Angaben auf sein jetziges Stockwerk? Und, wenn ja, musste er nach oben oder unten? Er entschied sich dafür, nach oben zu fahren, und drückte einen entsprechenden Knopf. Stockend setzte sich der Aufzug in Bewegung. Er machte keinen sehr stabilen Eindruck. Hoffentlich hielt er. Es gab nur einen knirschenden Boden zwischen Herrn A. und dem Abgrund des Fahrstuhlschachts. Er erinnerte sich an seinen Blick in den Fahrstuhlschacht. Der Abgrund musste sehr tief sein.

Plötzlich blieb der Aufzug zitternd stehen. Er befand sich irgendwo zwischen zwei Stockwerken. Es knackte und rumpelte. Das hatte ja kommen müssen! Der Boden gab langsam nach.

Herr A. spürte, dass er fallen würde und griff nach dem Gitter der Fahrstuhltür. Dann brach der Boden weg. Ein leises Krachen – wie ein knuspriger Keks, der zerbricht. Der Boden als Ganzes hatte sich gelöst und fiel. Trudelnd entschwand er in der Finsternis. Herr A., der nicht die Absicht hatte, ihm zu folgen, hielt sich am Gitter fest und hing jetzt in der Luft.

So schwebte er einige Augenblicke über dem schwarzen Abgrund des Schachts. Merkwürdigerweise schrie er nicht um Hilfe. Vielleicht, weil alles so menschenleer und still gewesen war, vielleicht, weil er glaubte, dass es sowieso sinnlos gewesen wäre, dass ihn niemand hören würde, vielleicht, weil ihm die Worte im Halse stecken blieben. Es dauerte nicht lange, bis ihn die Kräfte verließen. Sein Griff um die Gitterstäbe lockerte sich immer mehr, bis er loslassen musste. Ihn packte leichter Schwindel. Die Wände schienen sich zu verbiegen, aber der Abgrund blieb.

Die Sekunden vor dem Fall streckten sich wie in Zeitlupe. Es war die Trägheit der Materie, die sich langsam in Bewegung versetzte. Außerdem der Kontrast zu den immer schneller rasenden Gedanken von Herrn A., die keine Lösung fanden. Die Realität war unerbittlich. Er würde fallen. Dann war es soweit.

Die Zeit blieb stehen.

Herr A. erwachte schweißgebadet in seinem Bett. Hatte er nur geträumt? War er jetzt wach? Ja, tatsächlich, alles fühlte sich real an. Er lag in seinem Bett und neben ihm seine Frau. Sie sah ihn mitfühlend an. Er musste sie wohl mit seinem unruhigen Schlaf geweckt haben. Er fragte: „Bin ich wach?" Sie lachte und sagte: „Nein, du träumst und ich bin deine Traumfrau!" Er lächelte: „Ja, das bist du", und fühlte sich so wohl wie schon lange nicht mehr. Wie schön, noch am Leben zu sein!

Wieder Gedichte

Romeo und Julia reloaded

Zum letzten Mal umarme ich dich nun –
ach, seien wir auf ewig so vereint,
und trotzen jenem Schicksal, welches meint,
es könne immer, was es wolle, tun.

Ein Leben ohne dich, das soll nicht sein:
Entschluss gefasst – das Gift liegt auch schon da.
Dir nachzufolgen – dazu sag ich ja,
auf ewig bin ich dein und du bist mein.

Doch halt, das wollten wir ja neu gestalten:
Die Augen schlägst du auf und willst mich halten.
Ich beuge mich zu dir, dich aufzuheben.

Wie beide Sippen sich gemeinsam freuen!
Wie alle schon den alten Streit bereuen!
Die Zukunft dürfen wir zu zweit erleben.

Manchmal ist es nur das Ende, das entscheidet, ob eine Geschichte sentimental oder tragisch ist. Was passiert, wenn man bei einer tragischen Geschichte das Ende zu einem glücklichen ändert? Wird sie dann sentimental? Das hängt auch von der Form ab. Hier haben wir ein Sonett. Das zügelt etwas. Dann kommt noch ein humoristischer Unterton hinzu („... das wollten wir ja neu gestalten"). Auch das schafft Distanz.

Die Straßenlaterne

Die Straßenlaterne hält Wacht

in samtener mondheller Nacht.

Die Bank dort, sie lädt jeden ein,

ein Stündchen Clochard mal zu sein.

Das Glück in der Lücke

vögel des himmels zelt wölbt sich mutterbauch gebiert

säuglinge(n) milch und allen den saft des lebens geben

das hamsterrad entdecken und laufen bis das Ende friert

jeder giert nach mehr lieber mal was auslassen hab mut

zur   lücke

muss   sein

sie 7.   aus

soweit   nötig

darum   liegt

das   GLÜCK   in

der   lücke

sie werden alles finden was sie sollen ist genug und gut

füllen müll in tüll gefühle mit unnützen dingen fangen

sterben und leben das karma beenden einziges streben

zu(m/r) (g)lück(e) können wir verzichten(d) gelangen

Gipfelaussicht

Ich steh auf diesem Gipfel, dreh mich um und seh,
woher ich komme und wohin ich geh.
Ich glaub, die ganze Welt zu sehen, bin berührt.
Doch weiß ich, dass der Weg nun abwärts führt.

Tulpenblüte –
meine Nase über
dem Kelch

Warum steht dieses Haiku nicht bei den Jahreszeitengedich-
ten? Weil es nicht nur ein Frühlingsgedicht ist. Es kann auch
einen anderen Nachhall haben: In einem Forum sah eine Teil-
nehmerin bei diesem Text die Nase des Autors über einer
Pilstulpe. Prost!

Gegenüber

Du sitzt mir gegenüber,
wir spiegeln uns –
mein Bild in deinem;

wir suchen einander
im Zwielicht.

Da bist du,
ich erkenne dich,
dein Gesicht leuchtet auf,
die Augen sehen mich
und freuen sich.

Meine Augen sinken
in die deinen,
tauchen ein
in deine Ruhe,

die sich langsam öffnet.

Die Liebe und die Rose

Um sie der Liebsten zu schenken,
schnitt er die Rose, die rote.
Schön noch im Tode, die Rose,

wurde sie Opfer,

während die Liebe
wuchs, bis sie schließlich verglühte,
da auch die Liebenden starben.

Bleibt nur der Nachhall:
kopfüber hängende Blüte,
traurig verblassende Farben.

Ungereimte Gedichte (bzw. fast ohne Reime). Nur am
Schluss selektiv gereimt, um den „Nachhall" auch auf dieser
Ebene zu symbolisieren. Die Frage, ob man lieber gereimt oder
ungereimt dichten solle, hat schon viele Gemüter erhitzt. Tatsa-
che bleibt, dass poetix bevorzugt gereimte Gedichte schrieb.

Rendezvous im Schatten

Schatten unter Bäumen,
Lichter, die verwirren,
Flecken nur, die flirren,
Sommer, Wärme, Träumen.

Halt mich an den Händen –
Herzen, die sich binden ...
deine Lippen finden –
Küsse, die nicht enden.

Augenblicke bleiben,
Tropfen eigner Zeiten,
die uns nun begleiten –
lassen wir uns treiben!

Das Blasophem

In Blasen spricht das Blasophem;
es ist verwandt dem Nasobem,
das Christian Morgenstern ersann,
nur trifft man es viel öfter an.

In Comics ist es wohl zu Haus,
doch bricht es leider manchmal aus
und landet in der Politik,
gesetzt den Fall, es fehlt Kritik.

Die Blasen sind weithin beliebt,
man staunt, was es so alles gibt.
Die meisten platzen zwar am Ende,
jedoch vergisst man das behände.

Da hat jeder irgendjemanden vor Augen. Natürlich jeder ei-
nen anderen. Im Kleinen wie im Großen. Aus persönlicher Be-
kanntschaft oder aus dem Fernsehen. Gestern, heute und wahr-
scheinlich morgen. Es ist doch so: Blasensprecher gibt es über-
all. Die Menschen wollen von Blasensprechern geführt werden.
„Mundus vult decipi." (Die Welt will getäuscht werden.)

Das „Blasophem" hat poetix immerhin so sehr gefallen, dass er auch noch eine englische Version dazu geschrieben hat. Inhaltlich ähnlich, nur dass das „Blasophem" hier „Balloonophemus" genannt wird.

The Balloonophemus

The species of Balloonophemus is not new,

its members fill balloons with words instead of air,

impress the normal people, yet are half coocoo,

use empty words to brag and talk with lots of flair.

The past was owned by them, the future will be, too.

Endemic once to comics, but escaped from there,

they rule – their power is beyond most people's reach

and bursting the balloons will never end their speech.

Sechshebige Iamben, Reimstruktur abababcc mit männlichen Kadenzen. Von der Reimstruktur eine Stanze (allerdings hat diese Form meist fünfhebige Iamben und abwechselnd weibliche und männliche Kadenzen). Muss ein merkwürdiges Gefühl sein, in einer fremden Sprache zu reimen.

Als Kalligramm bezeichnet man ein Gedicht, das durch sein gedrucktes Erscheinungsbild eine Figur bildet. Alternativ kann man es Figurengedicht nennen. Hierbei wird versucht, eine Korrespondenz zwischen dem Textinhalt und dem gedruckten Erscheinungsbild herzustellen.

Auf der nächsten Seite wird ein Kalligramm von poetix präsentiert. Wenn man zunächst nicht auf den Inhalt achtet, kann man vielleicht eine Figur erkennen, eine Art Idol, neolithisch.

Der Titel des Kalligramms lautet „Venus". Das verrät natürlich schon vieles, aber es ließ sich nicht anders machen. Der Titel musste schon auf dieser Seite genannt werden, da das Kalligramm die gesamte nächste Seite füllt, so dass er dort keinen Platz mehr gehabt hätte.

Dein Gesicht will sprechen,

ohne viel zu sagen,

deine Blicke fragen,

ohne mich zu brechen.

Göttin, deine kühlen

Formen, die sich runden,

will man gern erkunden,

schauend und durch Fühlen.

Makellos, vollkommen

stehst du da, aus Stein,

willst unnahbar sein.

Höhnst du aller Frommen?

Wie sie dich verehren,

dir zu dienen eifern,

wie sie sabbern, geifern,

heimlich Sex begehren.

Schnell kann sich das wenden:

Die noch zu dir beten,

werden bald zertreten.

Grausam wird es enden.

Schicksal

Du treibst auf diesem Fluss,
dem gleißenden,
dem alles folgen muss,
dem reißenden.

Von vorne hörst du Wasserfälle tosen,
schon schwant dir Unheil und du machst dir Sorgen,
du schwimmst auf Blütenblättern rot von Rosen
vom schönen Jetzt zum unbekannten Morgen.

Die Wassertropfen schimmern:
Die Haut ist leicht benetzt –
so hör doch auf zu wimmern!
Du hast ja noch das Jetzt.

Betritt den Regenbogen,
den Abgrund überwindend,
vom Himmel hochgezogen,
zuletzt dich selber findend.

Der Wahrheitsbaum

In seinem Walde steht der Wahrheitsbaum,
umgeben rings von Buchen, Tannen, Eichen.
Nach Wahrheit gräbt er tief in Erdenreichen,
nach oben reckt er sich und schafft sich Raum.

Der Boden, nein, enthält die Wahrheit kaum,
der Baum kann seine Ziele nicht erreichen.
Zwar trifft er Schemen, die der Wahrheit gleichen,
doch reine Wahrheit bleibt für ihn ein Traum.

Vergeblich will der Baum die Sonne greifen,
er lässt, was er für wahr hält, fruchtig reifen.
Zur Sonne wachsen diese Früchte nicht.

Die Blätter fangen an, weithin zu schweifen
und segeln langsam ihre großen Schleifen.
Die Sonne taucht den Baum in goldnes Licht.

Ein Sonett über die Wahrheit. Gibt es überhaupt eine absolu-
te Wahrheit? Die Frage ruft Kierkegaard und Wittgenstein auf
den Plan. Dann fallen einem noch Einwände wie der Vorwurf

des Zirkularismus ein, oder man denkt an die Quantenlogik. Aber auch in der Lebenswelt kann es sein, dass es eine Wahrheit zu geben scheint, man sie jedoch nicht findet, weil man vor lauter Bäumen den Wald nicht sieht.

Ob es die Wahrheit gibt oder nicht, es liegt in der menschlichen Natur, nach ihr zu suchen. Man will über sie zu Höherem gelangen. Im Gedicht wird nach ihr in der Erde gesucht. Da poetix die indische Philosophie mochte, könnte die Erde hier für Maya stehen, die Scheinwelt. Eine Scheinwelt mit einer Scheinwahrheit. Dann wieder ein christliches Motiv: das Sonnenlicht, die göttliche Gnade. Trotz des notwendigen Scheiterns kann das Streben nach Wahrheit richtig sein. „Wer immer strebend sich bemüht, den können wir erlösen" (Goethe). Was auch immer wir uns von der Wahrheit erhoffen, wir können es nicht verdienen, indem wir die Wahrheit finden; aber wenn wir uns um die Wahrheit bemühen, können wir vielleicht Gnade erlangen und Erfüllung geschenkt bekommen.

Frei nach Epimenides (das ist der mit den lügenden Kretern): „Die Wahrheit ist, dass es keine Wahrheit gibt" (Isaac Bashevis Singer).

Besondere Menschen

Das Bildnis der Eltern

Jetzt sehe ich es wieder,
dies Bild von irgendwann.
Ich schließe meine Lider
und seh' es trotzdem an.
Es hilft und macht mir Mut.

Die mir entgegenstrahlen,
die Züge kenn ich gut –
ich könnte sie fast malen:

Wie formten Falten sich!
Die Münder hört ich rufen,
die Augen sahen mich. –
Was diese Hände schufen!

Doch wurde mir gegeben,
was keiner malen kann:
viel Liebe und mein Leben.

Die Familie

Die Liebe und die Frau zu ehren,
sich ihr mit Haut und Haar zu schenken,
mal über dich hinaus zu denken,
mit ihr die Gene zu vermehren,

den neuen Menschen zu benennen,
der Kinder Wachstum anzusehen,
mit ihnen Seit an Seit zu stehen,
in Jungem Altes zu erkennen,

das zieht dich aus dem Alltagssumpf,
da fühlst du dich wie Papa Schlumpf.

Das Gesicht

Ist das mein Gegenüber?
Ein seltsames Gesicht!
Das Tageslicht wird trüber,
so recht seh ich es nicht.

Ein leises Lächeln streift
die Züge, die erwachen,
sobald ein Schmunzeln reift;
doch wird es nicht zum Lachen.

Verschmitzt der Blick am Ende,
er schwimmt im Ungefähr,
und ginge durch die Wände,
wenn da kein Spiegel wär.

Ach soooo …

Poetix hat also lieber geschmunzelt als gelacht, war eher der
leise Typ war als der laute. Ein bisschen verschmitzt, insgesamt
aber wohl unauffällig, sonst wäre mehr erwähnt worden.

Einsamer Cowboy

Die Augen hart wie Stahl,
dahinter blankes Nichts:
die Leere des Gesichts.
Das Lächeln wird zur Qual.

Und wieder musst du reiten ...

Wovor läufst du nur weg,
vorbei an Berg und Tal
in endlos karge Weiten?
Du nimmst ihn mit, den Dreck.

Dein letzter Ritt hat Zeit,
er wartet schon so lang.
Doch dann – es ist soweit:

... dein Sonnenuntergang.

"Yipie I oh, yipie I ay!" (Johnny Cash/Ghost Riders in the
Sky) – Und Elvis sang: "Gotta rope and tie that dream of mine."

Auch Lucky Luke fällt einem ein. War poetix ein einsamer Wolf, meinte er sich selbst mit dem Cowboy, war das Selbstironie, Problembewältigung, oder sprach er von jemand anderem, machte er sich über einen verbissenen Einzelkämpfer lustig?

Überstürzte Hochzeit

Zur Hochzeit lädt Friedrich aus Hagen,

er kann kein Warten ertragen.

Für alle gibt's Essen,

nur hat er vergessen,

die Frau überhaupt mal zu fragen.

Man denkt an Friedrichshagen, an die Nibelungen (wegen Hagen), damit an Gunther und Brünhild und deren Hochzeitsnacht.

Was bedeutet „Zeit" für poetix?

Zeit bestimmt unser Leben. Manche empfinden sie als unbarmherzig, andere als vielversprechend. In poetix' Gedichten spielte sie eine große Rolle. Das mag daran liegen, dass er sich der Endlichkeit der ihm zur Verfügung stehenden Zeit bewusst war.

Zunächst ein Gedicht über die Zeit, zu dem poetix auch einen dazugehörigen Essay verfasst hat. Da erwartet man einen Text, der den Leser auf eine höhere Ebene mitnimmt, etwas aussagt, das über das im Gedicht Gesagte hinausgeht. Das Thema hier ist die Struktur der Zeit, und poetix hat versucht, einen Bezug zwischen dichterischen Chiffren und der modernen Physik herzustellen. – Physik!? Was hatte poetix mit Physik zu tun? War das sein Beruf? Wie er die beiden Gebiete, Physik und Dichtung, miteinander verbunden hat, darauf darf man gespannt sein.

Die schäumende Zeit

Mit dir zusammen sein –
wie brennen deine Gluten!
Mich packt ein wilder Rausch,
die Zeit stürzt krachend ein,
verwirbelt mich in Fluten,
die Welt blitzt auf im Tausch.

Die Augenblicke rasen
und platzen wie die Blasen.
Kaum da und schon vorbei,
aus einem werden zwei.

Vergangenheit der eine,
der zweite ist das Jetzt.
Sie sprudeln um die Wette
und bilden eine Kette.
Mein Schicksal wird ersetzt,
das deine wird das meine.

So perlt die Zeit und schäumt,
berauschend schmeckt sie mir.
Ich teile sie mit dir –
das ist doch nicht geträumt?

Die schäumende Zeit – Parallelen zwischen der kognitiven Erfahrung des Augenblicks und der modernen Physik

Ein Essay

Kann Zeit schäumen? Kann man sie überhaupt wahrnehmen? Kann man nicht, sagt Kant. Nach seiner „Kritik der reinen Vernunft" gehört die Zeit zu den reinen Anschauungsformen, ist selbst also keine Wahrnehmung. In unserer psychischen Realität glauben wir aber, sie wahrzunehmen. Ein Beispiel: Von Thomas Mann wird im „Zauberberg" beschrieben, dass die Zeit subjektiv schneller oder langsamer vergehen kann, je nachdem, ob man an etwas interessiert ist oder sich langweilt. Einstein dazu: „Wenn man zwei Stunden lang mit einem Mädchen zusammensitzt, meint man, es wäre eine Minute. Sitzt man jedoch eine Minute auf einem heißen Ofen, meint man, es wären zwei Stunden." In unserer psychischen Realität existiert also eine Auffassung von Zeit, die sich in der erkennbaren äußeren, der physikalischen Welt nicht widerzuspiegeln scheint.

Wenn man Zeit wahrnimmt, macht sich eine merkwürdige Eigenschaft bemerkbar: Sie scheint in Augenblicke strukturiert zu sein. Wie eine Perlenschnur. Sie perlt. Das ist ein Phänomen, das neuropsychologisch gut untersucht ist. Zeitintervalle, die wir als solche gerade noch wahrnehmen können, haben Dauern im Hundertstel- bis Zehntelsekundenbereich. Das Zeitintervall, das man neuropsychologisch als Gegenwart wahrnimmt, dauert um die drei Sekunden lang und zerfällt in etwa hundert kleinste Teile. Ob man die Gegenwart oder einen ihrer Teile als „Augenblick" auffassen will, ist nicht definiert und bleibt dem jeweiligen Sprachgebrauch überlassen.

In der Physik wird die Zeit meist als kontinuierlich voran-schreitend angenommen. Meist, aber nicht immer. Die Zeit zu „körnen", sie in kleinste unteilbare Einheiten aufzuteilen, erin-nert an die Quantentheorie. Schon seit einiger Zeit wird im Rahmen dieser Theorie darüber diskutiert, ob man nicht die Zeit körnen müsste. Es ist in der Tat bekannt, dass es im Prinzip ein kleinstes Zeitintervall gibt, das mit keinen Mitteln mehr aufgelöst werden kann: die Planck-Zeit.

Man gelangt zu diesem Begriff, indem man an die Grenzen der menschlichen Erkenntnis geht. In der Physik gibt es näm-lich mindestens zwei solche Grenzen: zum einen die quanten-mechanische Unschärfe. Sie sagt uns, dass wir nicht alle physi-kalischen Größen gleichzeitig mit beliebiger Genauigkeit mes-sen können. Zum anderen kennen wir die Unmöglichkeit, In-formationen aus dem Inneren eines schwarzen Loches zu erhal-ten. Die Kombination dieser beiden Unmöglichkeiten menschli-cher Erkenntnis führt zur Planck-Zeit. Diese Zeit ist allerdings so aberwitzig kurz, dass wir die Körnung niemals wahrnehmen könnten. Das heißt, die kognitive Körnung der Zeit ist rein psy-chisch bedingt. Die Parallelität zur Physik gibt trotzdem die Frage nach dem „Warum" auf.

Zunächst: Wir haben gesehen, dass Zeit perlen kann. Aber schäumen? Da fehlt noch eine Zutat: die „Entfaltung von Wel-ten". Dies ist eine Situation, wie sie in der Everett-Interpretation der Quantenmechanik postuliert wird. Bei jeder Wechselwir-kung eines denkenden Wesens mit einem Objekt spaltet sich nach dieser Interpretation die Realität auf, je nach dem Aus-gang der nicht vorhersagbaren Wechselwirkung: Jede mögliche Realität wird auch verwirklicht, und zwar in dem entsprechen-den Universum. Was für ein Bild: In jedem Augenblick eine

Vielzahl von neuen Universen zu öffnen! So entstehen Myriaden von Universen. Daher das Schäumen. Es gibt allerdings einen Wermutstropfen: Die Universen können nicht miteinander wechselwirken, können demnach auch nichts voneinander wissen. Das bedeutet, dass wir auch diesen Effekt, die Entfaltung von Welten, nicht wahrnehmen können. Es gibt ihn nur in der physikalischen Theorie. Kann man dann sagen, dass die Zeit schäumt? Dazu müsste es wiederum ein entsprechendes interindividuell vermittelbares Phänomen in unserer Psyche geben.

Der Schlüssel liegt in der Umkehr der Reihenfolge: Nicht die physikalischen Theorien erklären unsere psychische Realität, sondern unsere psychische Realität erklärt die physikalischen Theorien. Wie Heisenberg sagte: „Wissenschaft wird von Menschen gemacht." Und Menschen können nur Begriffe ausarbeiten, die in irgendeiner Weise schon in ihnen angelegt waren. Dazu auch Goethe: „Wär nicht das Auge sonnenhaft, die Sonne könnt es nie erblicken ..." Die Grundbegriffe physikalischer Theorien stecken schon tief in unserer Denkweise, evolutionsbedingt. Wir kennen sie aus unserer psychischen Situation, und sie gehen den Theorien voraus, ohne dass wir uns dessen bewusst wären. Sie gründen in unserem kollektiven Unbewussten. Da kommen übrigens auch die dichterischen Chiffren her, und deshalb werden sie verstanden. Die Existenz der entsprechenden physikalischen Theorien bietet den Beweis, dass das Schäumen der Zeit im kollektiven Unbewussten angelegt ist und somit eine interindividuelle Empfindung, eine gültige Chiffre, sein kann. Die Chiffre von der schäumenden Zeit umfasst natürlich mehr als das. Das gilt es zu erspüren. Aber wir wissen, dass dieses Erlebnis uns allen gemeinsam ist. Lassen wir uns also die Zeit wie Champagner schmecken!

Soweit der Essay.

Eigentlich ist damit alles gesagt. Was bleibt übrig, wenn man die Physik aus dem Gedicht herausnimmt? Zunächst die Einsicht, dass man dichterische Chiffren nicht auf gut Glück aus dem Wörterbuch herauspicken sollte, dass sie eine Berechtigung haben sollten, es muss ja nicht immer eine physikalische Begründung dahinter stehen. Und dann – natürlich – ein Liebesgedicht!

Liebe und Zeit – das gehört zusammen. „Liebe ist Vorwegnahme des Endes im Anfang, daher Sieg über das Vergehen, über die Zeit, also über den Tod."(Hugo von Hofmannsthal). (Fast) alle Menschen glauben an die ewige Liebe und suchen sie. Zwar weiß man, dass die Liebe sich im Lauf der Zeit wandelt, und doch: Man spürt, dass man, wenn man liebt, teilhat an etwas Überzeitlichem. Den Wandel empfindet man als ein Wachsen, ein Zunehmen der Qualität der Liebe, von der man sich sicher ist, dass sie die ganze Zeit vorhanden ist. Dieses Andauern und Sich-Verstärken der Liebe hofft man nie zu verlieren, ja, man erwartet sogar, dass dieses Gefühl in irgendeiner Weise den Tod überdauert. Das klang schon im Aufsatz „Atmanau" an. Trotzdem: Wie genau das geschehen soll, weiß man nicht, muss Zuflucht zu Gleichnissen nehmen.

Philemon und Baucis

Was Götter ehren,
die Bäume sagen
und Mythen lehren
von alten Tagen,
wirst du dich fragen:

Liebe!

Das kann es geben:
einander zu
sich traulich neigen,
in tiefer Ruh
das Schicksal teilen:

Liebe!

Im Tod noch leben –
wie Eiche und Linde
in tiefem Schweigen
für immer verweilen:

Rinde an Rinde.

In der Story bezog sich poetix auf die antike Sage von Philemon und Baucis, einem alten Ehepaar, dem aufgrund seiner Gastfreundlichkeit von den Göttern der Wunsch gewährt wurde, sich nie trennen zu müssen, und die beide zur gleichen Zeit sterben durften. Nach ihrem Tod verwandelten die Götter die Eheleute in nebeneinanderstehende Bäume, Philemon in eine Eiche, Baucis in eine Linde. Eigentlich eine Liebesgeschichte, aber doch mit einem Bezug zum Überzeitlichen, dem Bleiben der Liebe.

Die gestaltende Zeit

Nur Zeit kann das gestalten:
Der Mensch wird, der er ist.
So kann er sich entfalten,
erkennt sich in dem Mist,
den er zustande bringt.
Die Zeit lässt ihn sich finden.

Die Schuld, mit der er ringt,
lässt Seelen sich verbinden,
Gemeinsamkeit erzeugen,
lässt Fehler ihn verstehen,
den eigenen sich beugen
und um Vergebung flehen.

Die Zeit führt zur Entfaltung unserer Persönlichkeit im Lauf des Lebens. Wir werden zu dem, was (zum Teil) schon in uns angelegt war. „Der Mensch wird, der er ist." Er wird zu seinem eigentlichen Selbst. Die Zeit bringt es an den Tag. Die Zeit teilt uns das zu, was in uns steckt, sie ist unsere Nemesis in der ursprünglichen Bedeutung des Wortes. Die menschlichen Anlagen brechen sich an der Kontingenz des Irdischen, es entsteht ein Spektrum möglicher Entwicklungen, eben das, was wir unser Leben nennen. Viel haben wir von unseren Vorfahren ererbt, Gutes und Schlechtes, und geben es an unsere Kinder weiter. Wir können das Beste daraus machen, aber nur, wenn wir uns selbst verstehen und akzeptieren.

Während die Zeit das Leben des Menschen gestaltet – „die Zeit lässt ihn sich finden" –, wächst er in seine Schuld hinein. Nach gängigem Rechtsempfinden sollte uns keine Schuld an der Erbsünde treffen. Trotzdem lastet sie nach christlicher Tradition auf uns, kann uns aber auch genommen werden. Die wissenschaftliche Interpretation der Erbsünde führt sie auf die Natur des Menschen zurück: Sie sei „unsere prinzipielle, aus unserer ‚Natur' entspringende Unfähigkeit, das, was wir als richtig erkannt haben, auch zu tun" (Hoimar von Ditfurth). Das ist uns von der Evolution mitgegeben. Wir haben uns Wertesysteme geschaffen, denen wir im Normalfall gar nicht genügen können, auch wenn wir danach streben. Herbert von Karajan soll gesagt haben: „Wer alle seine Ziele erreicht, hat sie zu niedrig gewählt." Rilke hat es wunderbar formuliert (Der Schauende):

„Sein Wachstum ist: der Tiefbesiegte

von immer Größerem zu sein."

Das Streben nach und das Versagen vor zu Großem begleitet uns unser Leben lang; es betrifft gleichermaßen materielle Ziele wie moralische Maßstäbe. Der Grund für dieses Ergebnis der Evolution: Der Mensch ist am leistungsfähigsten, wenn er leicht überfordert ist. Der Preis: unsere Schuldgefühle wegen unseres zwangsläufigen Versagens. Ist diese Schuld rational begründet? Nein. Fühlen wir uns trotzdem schuldig? Ja. Unsere Schuld haftet uns an, wir tragen sie immer (fast jeder von uns), schon durch unsere Existenz, auch wenn wir in diesen Zustand hineingeboren worden sind. Jeder Einzelne von uns entfaltet sich und seine Schuld im Laufe der Zeit. Wenn wir also Träger der Schuld sind, müssen wir „um Vergebung flehen", als Menschheit und als Einzelne, weil wir uns unserer Schuldhaftigkeit bewusst sind, weil wir Schuld verkörpern, ob wir wollen oder nicht.

Doch es gibt ein Gegengewicht zur Schuld: die Liebe. Sie hat die Kraft, Schuld zu verzeihen. Mehr noch: Der Schuldhafte wird mit seiner Schuld geliebt, vielleicht sogar aufgrund seiner Schuld. „Die Schuld lässt Seelen sich verbinden." Das ist etwas sehr Menschliches, das umso bemerkenswerter ist, als es auf den ersten Blick paradox erscheint. Wieso sollte man jemanden wegen seiner Schuld lieben? Weil derjenige Liebe braucht. Der Mensch hat die wunderbare Fähigkeit, solch eine Liebesbedürftigkeit zu spüren und von ihr angesprochen zu werden. Das liegt tief. Leichter zu erkennen ist das analoge Verhalten bei kleinen Fehlern, die wir an unseren Mitmenschen lieben. Pearl S. Buck soll es in etwa so gesagt haben:

„Die großen Tugenden machen einen Menschen bewundernswert, die kleinen Fehler machen ihn liebenswert."

Der unschuldig schuldige Mensch kann also Hoffnung haben, geliebt zu werden. Das ist die eine Seite, die andere Seite ist: selbst zu lieben. Der Mensch kann sich in der Liebe verschenken und, indem er aus seiner Person heraustritt, sich gewissermaßen seiner Schuld entäußern. Die Schuld verschwindet nicht, aber sie belastet nicht mehr. Man begegnet ihr von außen, aus der Distanz. Etwas Neues entsteht. Die Zeit gestaltet für Menschen, die sich lieben, eine gemeinsame Geschichte, in der sie ihr Leben als erfüllt sehen können.

Wenn Zeit kostbar ist, warum vergeuden wir Menschen sie dann manchmal? Sollte man nicht seine ganze Zeit mit dem geliebten Menschen verbringen? Sollte man nicht überhaupt meistens etwas Wichtigeres tun, als das, was man gerade tut? Natürlich, das tägliche Leben lässt dem Menschen nicht immer die Wahl. Wenn man den Alltag meistern will, muss man ökonomisch mit seiner Zeit umgehen – ökonomisch, aber nicht knausrig. Nicht immer kann man etwas Wichtiges tun, nicht immer die Welt bewegen. Der Mensch braucht auch Leerlauf, Muße, Schlaf. Im Schlaf entfaltet sich sein Unterbewusstsein, in der Muße seine Kreativität. Auf das richtige Verhältnis von Anstrengung und Entspannung kommt es an. Sogar in der Liebe: Nach einer kurzen Trennung ist das Wieder-Beisammensein noch schöner. Es gibt einen Wechsel zwischen Vorfreude und Genuss. Die Zeit verlangt ein ewiges Auf und Ab, Einatmen und Ausatmen.

„Einatmen, ausatmen

Nehmen und Geben"

(Leboyer)

„Im Atemholen sind zweierlei Gnaden:
die Luft einziehen, sich ihrer entladen."

(Goethe)

Das Nehmen erfüllt sich erst im Geben, die schöpferische Kraft entsteht aus der Ruhe und umgekehrt. Ohne den Wechsel ist beides für sich sinnlos. In der Muße reift die Seele, verarbeitet die Ergebnisse der Arbeit. Diese Reife wiederum ist Voraussetzung und Anfangspunkt großer Werke. „Das meiste haben wir gewöhnlich in der Zeit getan, in der wir meinten, zu wenig zu tun." (Marie von Ebner-Eschenbach).

Nehmen wir einmal an, dass poetix wirklich Physiker ist/war. Dann hätte er ziemlich viel unter einen Hut bringen müssen: Familie, Beruf, Dichtung ... Bleibt da noch Freizeit, Leerlauf? Vertrieb er sich die Zeit? Wenn ja, womit? Tatsächlich erzählt er auch davon und wir erfahren, was er tat, wenn er gerade nichts tat.

Einfach nur da sein

Zu sein statt nicht zu sein –
ich wackle mit dem Bein
und denk so vor mich hin.
Zwar scheint mir alles klar,
doch ist es sonderbar –
es kommt heraus: Ich bin.

Ich kann es gar nicht fassen,
möcht alles andre lassen,
nur fühlen und ich liebe,
umarme diese Welt,
die mir so gut gefällt,
in der ich gern noch bliebe.

Oh, gib mir Zeit, du Macht,
die mich hierher gebracht,
damit ich mich erlabe,
die Ruhe nutzen kann,
bis schließlich irgendwann
ich keine Lust mehr habe.

Einer bezeichnete das Gedicht als infantil. Dem wurde von anderer Seite widersprochen. Das Gedicht sei unbefangen, ohne jede Schwülstigkeit. Das Motiv sei auch von Matthias Claudius in seinem Gedicht „Täglich zu singen" in ähnlicher Art aufgegriffen worden. Zitat Matthias Claudius:

„Ich danke Gott und freue mich

Wie's Kind zur Weihnachtsgabe,

Dass ich bin, bin!"

Seiner Lebensfreude braucht sich niemand zu schämen. Selbst Marc Aurel fasste die seine in Worte:

„Πυνθάνου εὐθὺς ἐξ ὕπνου γενόμενος ὁποῖα μεγάλα εἰσὶν δῶρα τὸ ζῆν, πνεῖν, νομίζειν, τέρπεσθαι, ἐρᾶν"

„Bemerke, wenn du gerade aus dem Schlaf erwachst, wie große Geschenke es sind: zu leben, zu atmen, zu denken, sich zu erfreuen, zu lieben."

Das ist weder ein Aufruf zum Hedonismus, noch zum Epikureismus, kein „Carpe diem". Sein Leben mag jeder nach seinen Vorstellungen leben, aber es bleibt eine Tatsache, dass dieses Leben ein Geschenk ist, für das man sich auch einmal bedanken kann. Das kann ein Innehalten sein, ein Aufatmen, ein kurzes Gebet. Leider lernt man solche Momente oft erst zu schätzen, wenn das Leben nicht mehr selbstverständlich ist.

Geschenkte Zeit

Erst droht das Zeitversiegen ...
doch dann: ein Zeitgeschenk,
das lässt wohl keiner liegen.

Ich nipp an dem Getränk,
das man mir da kredenzt,
und sammle Stunden ein.
Wird Leben so ergänzt?

Da fühlt man sich ganz klein,
genießt nur das, was geht –
für vieles ist's zu spät.

Wie kindisch alle Sorgen!
Ich spüre Dankbarkeit
für die geschenkte Zeit.
Was kümmert mich das Morgen!

Die Angst, das Zeitliche zu segnen – wer kennt sie nicht?
Das klassische Memento-mori-Motiv. Nur gehört dazu auch
„poenitentiam agite" (tut Buße). Und was hat poetix daraus
gemacht? Er wollte die verbleibende Zeit genießen! Auch eine
Möglichkeit.

Schiffbruch

Alle Lichter warnen, blinken –
Felsen, die Metalle schrammen.
Muss ich, Meer, in dir versinken?
Zitternd breche ich zusammen.

Wer soll jetzt die Großschot fieren?
Mayday! – Es hat keinen Sinn.
Diesen Kampf muss ich verlieren,
gebe mich der Tiefe hin.

Kann man denn da unten leben,
von den Wogen überrollt?
Das ist mir jetzt aufgegeben –
irgendwer hat's so gewollt!

Wieder Existenzangst. Das Gedicht beschreibt den Kampf
des Menschen um sein Leben, gekleidet in eine nicht ganz ernst
gemeinte Metapher, schließlich die Kapitulation, das unaus-
weichliche Ende, vor dem man Angst hat, von dem man aber
nichts weiß. Wenn man beim Lesen mit den Augen zwinkert,
erkennt man den schwarzen Humor.

Mutter Zeit

Schon rufst du wieder, Mutter Zeit,
und nimmst mich sicher an die Hand,
mich führend durch dein großes Land,
zur Einkehr, Umkehr nie bereit.

Halt, warte, eile nur nicht so,
noch will ich bleiben und nicht gehn.
Ja, kannst du das denn nicht verstehn?
Das Jetzt lieb ich, umarm es froh.

Dass du nur immer weiter reist!
Und ziehst mich ständig mit dir fort
von jedem je geliebten Ort.
Auch mich formst du in diesem Geist.

Als ob es ohne dich nicht ginge!
Doch streb ich, von dir frei zu sein;
denn einmal lässt du mich allein,
erlöst, am Ende aller Dinge.

Wünscht sich nicht jeder einmal, die Zeit anzuhalten, wenn es am schönsten ist? Am schönsten ist es, wenn es davor und danach nicht so schön ist. Das bleibt jedoch dem Irrealis der Vergangenheit vorbehalten. (Wenn die Zeit damals stehengeblieben wäre ...) Den Optativ (möge die Zeit stehenbleiben) kann man in der Gegenwart benutzen, wenn es schöner ist als je zuvor. Hielte man dann die Zeit an, würde man zwar Verschlechterungen verhindern, ebenso aber auch weitere Verbesserungen. Das Gehirn versagt dem Menschen allerdings in solchen Momenten die Vorstellungskraft und lässt ihn glauben, es könne schöner nicht mehr kommen. Leider sind die Menschen so konstruiert, dass sie diesen Zustand nicht halten können. Selbst wenn die Welt in so einem Augenblick stehenbleiben würde, die subjektive Zeit würde weiterlaufen und das Gehirn den Stillstand zunehmend negativ bewerten, sich langweilen.

Die Zeit wird uns nicht nur von außen aufgezwungen, sie läuft auch in uns, und es sind nun einmal ihre Eigenschaften, nicht stehenzubleiben (Einkehr) und nicht die Richtung zu wechseln (Umkehr). Das ist so unmittelbar klar, dass man nicht bemerkt, dass wir hier zwanghaft „an der Hand" geführt werden. Wir sind so, müssen so sein. Lernen wir das am Anfang unseres Lebens und verinnerlichen es dann immer mehr, bis wir es anders gar nicht mehr denken können? „Auch mich formst du in diesem Geist."

„Als ob es ohne dich nicht ginge!" Dieser Ausruf ist provokativ. Die Zeit gehört doch zu den Anschauungsformen und ist somit unlösbar mit unserem Menschsein verknüpft. Wie könnte es dann ohne sie gehen? Am Ende (Tod oder Harmagedon oder was auch immer) ist unser Menschsein beendet und es gibt für uns keine Zeit mehr. Gibt es uns dann noch? Der Text suggeriert diese Hypothese. Es gibt uns in dieser Situation, aber nicht mehr in unserer jetzigen Form. Mit dem Satz „doch streb ich, von dir frei zu sein" stellt sich die Frage, ob sich die Zeit auch durch lebende Menschen überlisten lässt. Tatsächlich zeigt sich, dass durch intensives Gebet oder Meditation die Aktivität im Scheitellappen des Gehirns heruntergefahren werden kann. Diese Hirnregion ist für die Orientierung in Raum und Zeit zuständig. Das Stilllegen dieser Region bedeutet eine Befreiung von unserer Bindung an Raum und Zeit, man hat das Gefühl, eins mit dem Kosmos zu werden.

Zeigt uns die Natur da einen Weg über das Leben hinaus? Vielleicht wollte poetix andeuten, dass der Mensch nach seinem Tod von der Zeit wie auch vom Raum und von den Kategorien befreit ist. Machte er aus seinem Nichtwissen über das Jenseits eine Aussage? Sozusagen eine Negativaussage mit positiver Interpretation: So, wie wir es uns vorstellen können, wird es nicht sein, aber vermutlich besser? Poetix: „Erlöst" werden wir sein!

Er scheint es so gesehen zu haben und wäre bei weitem nicht der Einzige. Ja, tatsächlich, schon die psychische Natur des Menschen bedingt, dass er dazu neigt, sich die Zukunft möglichst positiv vorzustellen. Die Neuropsychologie nimmt heute an, dass die gedankliche Vorwegnahme zukünftiger Ereignisse, die Antizipation, von Geburt an positiv voreingestellt ist. Der Begriff der Antizipation, griechisch Prolepsis, wurde von Epikur eingeführt, der allerdings darunter einen durch Abstraktion aus Wahrnehmungen gebildeten allgemeinen Begriff verstand, der aus dieser Allgemeinheit Aussagen über zukünftige Entwicklungen möglich machen sollte. Cicero berichtet, dass ein

Spätepikureer namens Gaius Velleius die Prolepsis bereits als angeboren bezeichnete. Das wäre also nicht neu.

Natürlich kann die optimistische Grundeinstellung des Menschen durch Lernprozesse im Lauf des Lebens wegkonditioniert werden. Manches ist aber schon durch die Anatomie festgelegt. Bei Optimisten ist insbesondere die Verbindung zwischen Amygdala und Gyrus cinguli aktiv. Wenn auch durch bewusste Tatsachenentscheidungen im präfrontalen Cortex pessimistische Einschätzungen entstehen können, entsprechen sie eigentlich nicht der menschlichen Natur. Der Mensch wird als Optimist geboren. Die positive Antizipation geht sogar so weit, dass die Vorfreude auf ein Ereignis größer sein kann als die Freude am Ereignis selbst. Fast jeder kennt das, wie die Redensart „Vorfreude ist die schönste Freude" zeigt.

Mit dem Eintreten eines erwarteten positiven Ereignisses ändert sich die Rolle der Zeit. Lief sie vorher noch zugunsten des Erwartenden ab (das Ereignis rückte immer näher), so läuft sie danach gegen ihn (die verbleibende Dauer der positiven Episode wird als geringer werdend empfunden, ihr Ende befürchtet, Gewöhnung tritt ein). Die Freude, die er über das Ereignis empfindet, die verspürte Lust, ist flüchtig, die Endorphin-Ausschüttungen lassen nach.

Endlichkeit

Dass alle schönen Stunden enden müssen!
Die Zeit hat mit uns Menschen kein Erbarmen.
Selbst Berge können nur den Himmel küssen –
lasst uns am Ende Endlichkeit umarmen!

Demnach gäbe es keine dauerhafte Freude, keine dauerhafte
Lust, nur den Wechsel zwischen Zuständen größerer und ge-
ringerer Lust. Vom Wechsel zwischen Vorfreude und Genuss
war schon die Rede. Ist allgemein die Zeit der Feind der Lust?
Epikur widerspricht dem. Er bezeichnet jene Lust, die sich mit
Lustarmut abwechselt, als kinetische Lust (durch Wechsel be-
dingte Lust) und glaubt, dass im Gegensatz dazu auch ein dau-
erhaftes Glücksgefühl, das er als „katastematische Lust" (durch
die innere Haltung bedingte Lust) bezeichnet, möglich ist. (Di-
og.Laert. 10,136)

„ἡ μὲν γὰρ ἀταραξία καὶ ἀπονία καταστηματικαί εἰσιν ἡδοναί·
ἡ δὲ χαρὰ καὶ ἡ εὐφροσύνη κατὰ κίνησιν ἐνεργείᾳ βλέπονται."

„Es sind nämlich die Seelenruhe [Ataraxia] und die
Schmerzlosigkeit katastematische [durch die innere Haltung
bedingte] Lustempfindungen, aber die Freude und die Fröh-
lichkeit werden als durch Wechsel [Bewegung, Kinesis] bewirkt
angesehen."

127

Zu Erlangung der katastematischen Lust empfiehlt Epikur eine Ökonomie des Genusses, ein Maßhalten, eine Beschränkung des Konsums, was zunächst paradox erscheint, aber zur Erreichung einer Seelenruhe (Ataraxia) führen soll, in der man keine Bedürfnisse mehr habe. Es erhebt sich die Frage, ob die katastematische Lust denn überhaupt als eine Form der Lust bezeichnet werden kann. Schon Cicero warf diese Frage auf (De fin. 2,77):

„Nam inter ista tam magnifica verba tamque praeclara non habet ullum voluptas locum, non modo illa, quam in motu esse dicitis, quam omnes urbani rustici, omnes, inquam, qui Latine loquuntur, voluptatem vocant, sed ne haec quidem stabilis, quam praeter vos nemo appellat voluptatem."

„Denn unter diesen so großartigen und berühmten Wörtern [es wurde von den Grundtugenden der Peripatetiker und Stoiker gesprochen] hat die Lust überhaupt keinen Platz. Das gilt nicht nur für jene [Lust], die ihr [die Epikureer] die Lust in Bewegung nennt [kinetische Lust], die alle Stadt- und Landmenschen, alle, sage ich, die Latein sprechen, Lust nennen, sondern sogar für die beständige [katastematische Lust], die niemand außer euch Lust nennt."

(Die in diesem Zitat mit eingeschlossene Kritik am Streben nach Lust berührt nicht die Zulässigkeit, sie als Geschenk nach dem Tod zu akzeptieren.) Die semantische Einordnung der katastematischen Lust unter den Lustbegriff mag zweifelhaft sein. Die mögliche Existenz der Ataraxia wird jedoch nicht bezweifelt, auch wenn Cicero sie nicht so recht würdigen will. Man könnte sie vielleicht eher als ein Wohlbefinden, als Glückselig-keit bezeichnen, denn als Lust. Sie ist ein Geisteszustand desjenigen Menschen, der sie erlangt hat, und sie wird offenbar von dem entsprechenden Menschen als angenehm empfunden.

Fraglos ist, dass die irdische Ataraxia Verzicht auf flüchtige Genüsse erfordert. All jene Erlebnisse, die auf der Ausschüttung von Endorphinen beruhen, sind in diesem Sinne flüchtig. Sie sind verschieden ausgeprägt, als Freude, Glücksgefühl, Genuss, Lust, Fröhlichkeit usw., und wir können nicht sagen, welche dieser Ausprägungen des Positiven die Antizipation uns für unsere Existenz nach dem Tod in Aussicht stellen sollte. Solche Details liegen nicht in der Natur der Antizipation. Wenn das Dopamin-System beteiligt sein soll, müsste das Paradies besser als erwartet sein. Wenn wir das aber erwarten, wie soll es dann besser als erwartet sein? Da beißt sich die Katze in den Schwanz. Schon die Frage, ob wir in jenem Zustand überhaupt noch Endorphine brauchen werden, dürfte umstritten sein. Gedanken über solche Details sind spekulativ, trotzdem erlaubt, und sie treten ganz automatisch auf. Hier mag sich jeder selbst überlegen, wie er es gern hätte; auch Religionen geben darauf Antworten.

Es entspricht der Natur des Menschen, ein wunderbares Paradies zu erwarten. Man könnte auf einer Metaebene argumentieren, dass aufgrund der allgemeinen Natur der Antizipation diese Erwartungen enttäuscht werden müssen. Dieser Schluss ist jedoch nicht zulässig, weil der erwartete Zustand in einer Situation auftreten soll, die außerhalb unseres Menschseins läge. Der Unterschied zwischen flüchtigen und bleibenden Glücksgefühlen könnte da gegenstandslos werden. Dazu Schiller (Das Ideal und das Leben):

„Zwischen Sinnenglück und Seelenfrieden
Bleibt dem Menschen nur die bange Wahl;
Auf der Stirn des hohen Uraniden
Leuchtet ihr vermählter Strahl."

Zwar können wir nicht erwarten, nach dem Tod Götter zu werden (Uraniden), aber es wäre denkbar, dass wir an etwas, das wir als göttlich ansehen, in gewissem Maß teilhaben können. Wenn es so wäre, könnten mit dem Tod die menschlichen Beschränkungen enden, es könnten dann tatsächlich sämtliche menschlichen Erwartungen weit übertroffen werden. Absolutes Empfinden von Freude könnte möglich sein (wir Menschen können sie nur relativ empfinden, wie Wärme und Kälte). Auch gäbe es keine Zeit, in deren Verlauf die Freude wieder abgebaut würde. Es wäre möglich, dass die Freude dann tatsächlich größer ist als jetzt vorstellbar, in welchem Zustand auch immer man sich dann befindet. Die Chancen, dass es so kommt, stehen fifty-fifty, mit anderen Worten: Wir wissen es nicht. Wir können es aber glauben, wenn wir wollen. Und dann das Leben wagen! So ruft poetix:

Leben wagen!

Wir öffnen uns mit Mut dem Neuen:
Indem wir Altes hinterfragen,
gelingt es uns, den Weg zu wagen.
Selbst wenn wir es zuletzt bereuen,
die Folgen unsrer Fehler tragen,
so war es wichtig, sich zu freuen.

Der Sinn des Lebens

Wenn die Menschen ein phantastisches Paradies erwarten, erhebt sich die Frage, warum sie dann diese Welt durchleben müssen: diese Welt, die einem manchmal so wunderbar zweckmäßig erscheint und dann wieder so unvollkommen. Es ist die berühmte Frage nach dem Sinn des Lebens.

Warum?

Die Welt ist manchmal wirklich sonderbar:
Dann fragst du dich: Warum geht alles schief?
Wo war das Schnupftuch, als die Nase lief?
Du glaubst es nicht und doch ist alles wahr.

War das so vorbestimmt und musste sein?
Na klar, es dient ja doch zur Unterhaltung
des unbekannten Meisters der Gestaltung.
Wir selbst sind für das Spielchen noch zu klein.

Ja, die Welt ist gleichermaßen zweckmäßig und unvollkommen. Zunächst zur Zweckmäßigkeit der Welt: Sie ist leicht erklärt. Das Universum muss, da es uns gibt, so beschaffen sein, dass unsere Existenz möglich ist (anthropisches Prinzip). Nach der Kopenhagener Deutung der Quantenmechanik könnte spekuliert werden, dass der Mensch als Beobachter notwendig sei, damit das Universum überhaupt existieren könne. Das würde bedeuten, dass überhaupt nur ein lebensfreundliches Universum existieren kann. Zu den theologischen Erklärungen später mehr.

Die Unvollkommenheit der Welt auf der anderen Seite muss dem Menschen unverständlich erscheinen, weil er den Gesamtüberblick nicht hat. Wenn er ihn hätte, könnte er vielleicht erkennen, dass alles seinen Sinn hat. Leibniz ging sogar so weit zu sagen, dass diese Welt unter allen möglichen Welten die beste sei. Das ist ein Ausdruck von Optimismus, zumal wir die Bezeichnungen „gut", „besser" und „beste" nicht verwenden können, wenn wir nicht wissen, nach welchem Maßstab wir beurteilen sollen und das zu Beurteilende nicht ganz erkennen können.

Wir können uns nicht anmaßen, die Welt, von der wir so wenig wissen, zu beurteilen. Es ist so, wie es schon im Monty-Python-Film „The Meaning of Life" beschrieben wird: Wir gleichen Fischen in einem Aquarium, die keine Ahnung von der ganzen Welt außerhalb des Aquariums haben können. Die Parabel auf die menschliche Ahnungslosigkeit wird auch in anderen Filmen (und beileibe nicht nur dort, aber dort so schön bildlich) immer wieder gern aufgegriffen, genannt seien nur „Matrix" (Welt als virtuelle Realität) und „Men in Black" (Universum in einer Murmel).

Es bleibt die Frage, warum wir auf der Welt leben sollen, wenn wir doch ein viel besseres Paradies erwarten. Natürlich erwarten wir ein viel besseres Paradies nur, weil wir in der Form leben, wie wir leben. Dabei bleibt aber offen, ob, wenn das erwartete Paradies tatsächlich existieren sollte, seine Existenz auch von unserem Leben abhängt. Mit anderen Worten: Müssen wir leben, um ins Paradies zu kommen? Sei unterstellt, dass das Paradies tatsächlich existiert und dass es durch den Wegfall all unserer menschlichen Beschränkungen charakterisiert ist. Dieser überweltliche, überzeitliche Zustand der Menschheit würde auch die Einschränkung der Einteilung der Menschheit in Individuen nicht mehr nötig haben. Andererseits soll der Zustand umfassend sein, müsste also auch die Verwirklichung der Individuation einschließlich aller Beschränkungen umfassen. Diese Facette unseres übergeordneten Seins wäre dann unser weltliches Leben. Es wäre untrennbarer Bestandteil unseres Seins und als solcher wertvoll und sinnvoll.

Es kann das vollkommene Dasein ohne seinen irdischen Teil nicht geben. Dass der Weltmensch in seiner Beschränktheit gefangen ist, gehört dazu. Sich daraus zu befreien, ist nicht die Lösung. Im Gegenteil, sich dem irdischen Leben zu stellen, es, so gut es geht, zu meistern, ist die Aufgabe. Poetix hat es so formuliert:

Der Einzelne und das All

Sind wir einzeln oder alle?
Können wir die Seele weiten?
Gehen wir in eine Falle?
Sollen wir hinübergleiten?

Hier die Reise zu bereiten,
hier den Segen zu erleben,
diesen Weg dann zu beschreiten
ist dem Menschen aufgegeben.

Das Gedicht legt nahe, dass das Leben der Aufspaltung der Menschheit in Individuen dienen könnte. Das stehe zunächst als Hypothese im Raum. Insbesondere kann man darüber streiten, in welchem Verhältnis eine überindividuelle, überzeitliche, vervollkommnete Menschheit zu einer höheren, göttlichen Macht stehen soll, ob sie ein Teil von ihr sein soll, von ihr ausgegangen sein soll, von ihr geschaffen worden sein soll, ob diese Macht überhaupt existiert. Nähme man die obige Hypothese für den Augenblick hin, folgte sofort, dass gerade die Beschränkungen durch unser weltliches Dasein die positiven Ausprägungen unseres weltlichen Menschseins erst ermöglichen (leider um den Preis, dass auch die negativen möglich werden). Wie könnten wir forschen, wenn wir alles schon wüssten? Wie nach dem Guten streben, wenn wir schon vollkommen wären? Wie uns bewähren, wenn es keine Prüfungen gäbe? Wie könnte die Liebe sich entwickeln, wenn es keine Zeit gäbe? Wie könnte es überhaupt Liebe geben, wenn es keine Individuen gäbe? Ist nicht schon das Grund genug für die Existenz dieser Welt: die Liebe entstehen zu lassen! Den Wunsch der Liebenden, miteinander alt zu werden, kann nur das irdische Leben erfüllen. Den bittersüßen Zauber der Sterblichkeit zu spüren, ist nicht nur Last, sondern auch Bereicherung. Wenn wir wüssten, dass das Leben nur eine Episode ist, würden wir es dann so intensiv leben, wie wir es tun? Die positiven Ausprägungen des Menschseins geben dem Leben seinen Sinn. Insbesondere die Liebe: Jede Sekunde, in der man liebt, ist sinnvoll! Nicht umsonst steht die Liebe im Mittelpunkt der christlichen Religionen.

Die Hypothese der Existenz einer übergeordneten, vollkommenen Existenz der Menschheit steht noch im Raum. Man kann sie auch als ein Gedankenexperiment betrachten. Selbst wenn es sie nicht geben sollte, die menschlichen Beschränkungen gibt es und wir kennen sie. Sie, diese Beschränkungen, Raum, Zeit, die Kategorien, die Individualität, sind aber, das ist die Erkenntnis, nicht nur als Nachteile zu sehen, sie begründen geradezu unsere Existenz, machen sie sinnvoll. Gäbe es das Vollkommene, brauchte es das Unvollkommene, würde es beinhalten, schaffen. Unser Leben ist eine Konstruktion zur Entwicklung positiver Ausprägungen der Unvollkommenheit unseres weltlichen Menschseins, die es nur so geben kann. An dieser Entwicklung teilzuhaben, ein Teil von ihr zu sein, das Positive zu verwirklichen, als ob es Teil eines vollkommeneren Seins wäre, an jenes Sein möglichst zu glauben und es zu erstreben, darin liegt unsere Aufgabe, darin könnte man den Sinn des Lebens sehen. Das ist eine Antwort. Auf dieser Ebene, der Ebene der Vernunft, muss sie allgemein ausfallen. Wem das nicht genügt, dem hilft vielleicht Humor.

Sinn machen

Er ist nicht hier, wo ich jetzt bin:
Wo ist der Sinn?
Er ist dahin.

Dann müssen wir ihn selber machen,
ihn neu entfachen,
indem wir lachen.

„Sinn machen" ist ein Anglizismus, der im Deutschen derzeit noch als „falsch" empfunden wird. Die Interpretation über „selber machen" ist demgegenüber theoretisch möglich, wurde zuweilen schon diskutiert, dann jedoch nur scherzhaft, und verworfen. Hier sei diese Variante scherzhaft aufgegriffen worden, meinte poetix.

Das passt zum Tenor des Gedichts und insbesondere der letzten Zeile. Oft ist es ja so, dass wir lachen müssen, wenn wir plötzlich einen Sinn sehen, wo vorher scheinbar keiner war. Dann entzündet sich manchmal ein Feuerwerk der Erkenntnis von neuen Sinnzusammenhängen und wir haben den Eindruck, neuen Sinn entfach zu haben.

Humor ist eine Art, mit den Grenzen unserer Vernunft, mit unserer Unwissenheit umzugehen, der Glaube eine andere. Je größer unsere Unwissenheit ist, desto mehr Raum bleibt für den Glauben. Augustinus (247. Predigt):

„Ubi defecerit ratio, ibi est fidei aedificatio."

„Wo die Vernunft am Ende ist, dort beginnt das Bauen des Glaubens."

Ehrfurcht

Suchen wir ein übergroßes Sein,

ehren unbestimmt erspürte Macht?

Oder fühlen wir uns nur ganz klein,

suchen Trost und Halt in dunkler Nacht?

Jeder erfährt dieses Sehnen,

keiner versteht es beizeiten.

Soll das Verstehen sich dehnen,

muss das Gefühlte uns leiten.

Offenbar ein innerer Dialog, die erste Strophe fragend, die zweite antwortend, die erste in Trochäen, die zweite in Daktylen. Es geht hier nicht um die Ehrfurcht vor einem Menschen, sondern vor einer höheren Macht, die wir unbestimmt erahnen, die wir auch suchen, die unserem Leben einen Halt, einen Sinn geben soll. Er (poetix) fragt sich, ob es wirklich Ehrfurcht ist, die er spürt, oder nur ein Gefühl der Machtlosigkeit, der Kleinheit im Irdischen. Die Frage beantwortet sich eigentlich selbst: Wir fühlen uns klein, eben weil wir die Größe jener Macht spüren. Der Text geht daher gleich zur Erklärung über: Dieses Sehnen ist uns Menschen allen mitgegeben. Wir können es erfühlen, auch wenn das Verstehen noch nicht so weit ist.

Damit hat poetix unsere Situation im Glauben beschrieben. Man spürt einen unbestimmten Glauben. Wir wünschen zu glauben, können aber nicht fassen, was es ist, was wir glauben wollen, weil unser Verstand es nicht hergibt. In der Hinsicht war poetix überzeugt, sich mit den meisten einig zu sein. Das ist die Sache mit dem Gottes-Gen (Dean Hamer). Der Wunsch zu glauben ist den Menschen genetisch mitgegeben, nicht aber sind es die Inhalte.

Diese Erkenntnis beinhaltet allerdings, dass, wenn man in sich hineinhört und eine Eingebung des Glaubens hat, diese nicht unbedingt direkt von Gott kommen muss. Die jetzt näherliegende Erklärung wäre wohl, dass sie schon im menschlichen Gehirn programmiert war. Der Code steht in den Genen, welche sich nach der gängigen Theorie in der Evolution entwickelt haben. Die zugrunde liegenden Mutationen beruhen auf Quanteneffekten und in diesen spielt der Zufall eine Rolle. Es handelt sich um echte Zufallseffekte, die auf keine Weise vorhergesagt werden können. Einsteins berühmter Einwand gegen die Quantentheorie, „Gott würfelt nicht", zeigt, dass hier durchaus die Hand Gottes im Spiel sein könnte. So wären indirekt die Glaubenserlebnisse doch wieder von Gott bewirkt. Das indes bleibt Spekulation. Die Quantentheorie sagt uns, dass wir über statistische Aussagen hinaus nie wissen können, wie und warum ein Quantenereignis so eintritt, wie es eintritt.

Immer wieder die sokratische Unwissenheit. Anstelle der bekannten überstrapazierten paradoxen Formel sei hier die entsprechende Stelle aus der Apologie (21d) zitiert:

„οὗτος μὲν οἴεταί τι εἰδέναι οὐκ εἰδώς, ἐγὼ δέ, ὥσπερ οὖν οὐκ οἶδα, οὐδὲ οἴμαι"

„Dieser zwar glaubt etwas zu wissen, während er unwissend ist; ich aber, der ich gleichfalls unwissend bin, glaube nicht, wissend zu sein."

Die heute gebräuchliche Formel geht wohl auf eine Äußerung von Diogenes Laertius (II32) über Sokrates zurück:

„Ἔλεγε δὲ [...] καὶ εἰδέναι μὲν μηδὲν πλὴν αὐτὸ τοῦτο εἰδέναι"

„Er sagte aber [...] auch, dass er in der Tat nichts wisse außer eben dieses zu wissen [dass er sonst nichts wisse]."

Heute würde man wohl sagen: „Unsere Bemühungen um Wissen führten (bisher) nur zu immer neuen Fragen". Diese Formulierungen sind im Gegensatz zur gängigen Form alle widerspruchsfrei. Dafür ist jene griffiger.

Wenn man eine agnostische Position ernst nähme, wäre man eigentlich frei, die bestehenden Glaubenssysteme je nach Gusto umzuformulieren, neue Thesen aufzustellen, ohne ihnen indes Bedeutung zuzumessen. Das ist nicht zynisch, sondern humorvoll. Es schließt ja nicht aus, dass man weiter nach Glauben strebt.

Die Schöpfung der Welt wird in allen Kulturen durch Mythen beschrieben, die meist mit der modernen Naturwissenschaft nicht übereinzustimmen scheinen. Ähnlich ist es mit der biblischen Version. Man kann sie naturwissenschaftlich vertreten, wenn man sie nicht wörtlich nimmt, sondern als Gleichnis. Von der Evolution war schon gesagt worden, dass sie als ein Werkzeug des göttlichen Willens aufgefasst werden kann. Gleichnisse sind sinnvoll, da bei manchen Sachverhalten unser Verstand nicht ausreicht, sie zu beschreiben. Das betrifft insbesondere die Schaffung des Universums. Dass die Schöpfung aus einem Zustand stattfand, der nicht mit menschlichen Kategorien erfasst werden kann, steht schon im Rigveda (10,129): „Ná ásat āsīt ná u sát āsīt tadânīm"–„In diesem Zustand war weder Seiendes noch Nichtseiendes". Rätselhaft, aber weise; es wird im Grunde gesagt, dass dies ein Thema ist, das jenseits unserer Begrifflichkeit liegt. Gleichermaßen ist auch das Ende der Welt ein Zustand, der sich unserem Verständnis entzieht. Schon die Kinder lernen indes, dass da, wo man nichts sieht, trotzdem etwas sein kann.

Poetix erzählt einen Mythos, in dem Gott diese Welt nur als eine vorläufige geschaffen hat, die er mit göttlichem Licht erhellt, damit zwar verbrennt, aber aus der Asche neu und vervollkommnet wieder erstehen lässt (Anleihe beim Phönix-Mythos).

Solarisation

Engel sind hell und wir können des Lichtes so viel nicht ertragen.
Luzifers Wesen, noch heller als hell, muss uns dunkel erscheinen.

Ihn hatte Gott einst gesandt, um das Licht in die Welten zu bringen,
lange bevor er den Menschen erschuf und das Gute und Böse.

Göttliches Licht ist es, das auf uns kommt – es wird alles verbrennen.
Neu aus der Asche ersteht nur durch Gnade die Menschheit verbessert.

Ungereimt. Die Metrik (Hexameter) suggeriert eine gewisse Feierlichkeit, passend zu einem Mythos. (Erinnert an Rilkes Duineser Elegien.) Unter Solarisation versteht man in der Analogfotografie den paradoxen Effekt, dass extrem helle Objekte (z. B. die Sonne) im Positiv dunkler erscheinen als ihre Umgebung. Dieser Begriff wurde von poetix auf die Psychologie, die Wahrnehmung der Figur Luzifers in unserer Kultur übertragen. Er liefert eine (hypothetische) Erklärung dafür, dass der Lichtengel Luzifer oft für dunkel gehalten wird. Die gängige Identifizierung Luzifers mit dem Bösen geht übrigens nicht auf die Bibel zurück, sondern stammt von Origines, der sie im dritten Jahrhundert aus dem antiken Mythos von Phaeton ableitete. Beim Verbrennen der Welt klingt der Begriff der Solarisation ein zweites Mal an – eine „tödliche Überbelichtung", auch hier wieder das Helle, das für bedrohlich gehalten wird, obwohl es die Erlösung bringt. Das Ganze ist insgesamt ein positiver Mythos, mit sehr lockerem Bezug zu gängigen Glaubensinhalten, aber solange man das Ganze nicht zu ernst nimmt, ist es wohl erlaubt. Es ist trotzdem noch sehr rational. Wie wäre es mit einer mehr benebelten Sicht auf das Thema?

Rauchgebet

Wie der Rauch sich kringelt,
Traum vom Irgendwann,
der am Joint sich ringelt,
alles werden kann,

trägt mich in den Himmel,
unter mir die Erde:
was für ein Gewimmel –
mach, dass was draus werde.

Darum will ich bitten,
wen, das weiß ich nicht,
schwank mit bangen Schritten
in das große Licht.

An der Stelle wäre es nicht verkehrt, zwischen poetix und seinem lyrischen Ich zu unterscheiden. Dass poetix gekifft haben sollte, passt so gar nicht in das Bild, das sich bisher entfaltet hat. Er wird sich also diesen Zustand nur vorgestellt haben. Offenbar nahm er an, dass man in diesem Zustand eine höhere Macht durchaus noch anbetet, aber an ihrer Erkenntnis gar nicht mehr interessiert ist. So etwas ließe sich sicher auch durch

Alkohol erreichen, aber der Rauch wird poetix als das anschau-
lichere Bild erschienen sein als der Rausch.

Sein und Vergehen

Was soll nur werden, was, aus unserm Sein?

Das Sein vergeht, das sich ins Meer ergießt,

wo schließlich alles Menschliche zerfließt.

Denn dies verteilt sich mehr mit jeder Welle,

zu Wasser wunderwandelt sich der Wein.

Beschritten ist der Weg vom Ich zum Wir,

das will man nicht und klammert sich ans Hier.

Mein enger Geist! – Es ist so schwer zu fassen:

Am Ende kehren wir zurück zur Quelle,

doch müssen wir erst alles gehen lassen.

Das Grau

Apoll kämpft gegen Nyx:
Wenn er den Kampf verliert,
umgibt uns bald der Styx,
wie Tag die Nacht gebiert.

Es unterliegt der helle
dem andern, dunklen Drang.
Entsprungen einer Quelle,
vereint sich Yin mit Yang.

Aus beiden wird ein Grau,
bekannt vom Anfang her,
es wabert ungenau,
kennt keine Zwietracht mehr.

Ist dieses Grau das Ziel,
der Sinn, der so geheime,
in unserm Lebensspiel,
verlassen mich die Reime.

Trost

Die hohen Mächte, die
uns Glück und Leid erschufen,
sie hören, wenn wir sie
in Not zu Hilfe rufen,
weil einer zu sehr litt,
und geben dies uns mit:

Das Leid muss überquellen,
damit der Trost entsteht.
Dann kommt der Trost in Wellen.
Nicht, dass es besser geht,
ein Zeichen nur der Welt,
dass sie sich weiter dreht
und vorerst nicht zerfällt.

Man spürt im Trost die Macht,
an die man nicht mehr glaubte,
belächelt, was bei Nacht
den Schlaf so lange raubte.

Auch poetix wird irgendwann Trost gesucht oder Trost gespendet haben. Hört sich nach Schadewaldt an („Sophokles und das Leid"): Das Leid muss übergroß werden, um den Menschen auf seine reine Existenz zurückzuwerfen und die Katharsis einzuleiten. Trost braucht man am meisten dann, wenn man keinen Sinn mehr im Geschehenen sehen kann.

Das Ende

Genug! Die Welt treibt ihrem Ende zu,

wir sind im Untergang an sie gekettet.

Ja, fände ich den Weg vom Ich zum Du,

dann würden du und ich doch noch gerettet.

Es gurgelt Schleim am Grund, versinkt das All,

verschwurbelt Seim im Schlund, verklingt der Schall.

War keiner da, der uns den Anker warf?

Ist einer dort, wohin ich mich nun wende?

…

Hab Dank, dass ich das Gute spüren darf,

im Strudel tiefster Zweifel, nah am Ende.

Poetix hat hier etwas beschrieben, das wohl die meisten kennen, das offenbar auch die vielen Gedanken, die er sich gemacht hat, nicht haben ausräumen haben können: die Angst vor dem sicheren Ende und die Hoffnung, dass da am Ende einer ist, bei dem man sich bedanken kann für all das Gute, das man dann erkennen und würdigen kann. Dann erst sieht man die Dinge klar und versteht ganz, dass alles einen Sinn hatte.

Das Problem mit der Internet-Dichtung

Gibt es ein Problem? Darüber könnte man streiten. Es gibt natürlich, wie immer im Leben, das Gefühl, man könne etwas besser machen, und müsse dazu die Ansatzpunkte benennen. Ob man dabei von einem Problem (oder mehreren) reden möchte, ist Geschmackssache. Poetix hat sich jedenfalls dazu geäußert, was ihm gefallen hat und was nicht, und er hat Verbesserungen vorgeschlagen. Nicht alles ist ernst gemeint. Wo er scherzt, merkt man schnell.

Es begann damit, dass er beklagt hat, in den Foren beruhten die Reaktionen auf Gedichte oft nur auf Gegenseitigkeit, nicht auf Qualität. So überschütteten sich manche Teilnehmer gegenseitig mit Lobhudeleien, die umso schwerer zu ertragen seien, je schlechter die Gedichte seien. Ohne Frage versuche auch er, poetix, nett zu anderen Autoren zu sein, aber es gebe eben doch einen Unterschied zwischen wohlwollender Kritik und plumper Schmeichelei, wenn auch der Übergang fließend sei, und letztere störe gerade dort, wo man an der Sache interessiert sei.

Die Gegenseitigkeit bei der Gewährung von Gefälligkeiten ist indes ein weit verbreitetes Phänomen, das nicht nur in den Lyrikforen auftaucht. In vielen Bereichen wird versucht, auf einer Quid-pro-quo-Basis Anhänger zu gewinnen, hier eben Leser für eigene Gedichte. Der Grund dafür ist ganz einfach und schon oft genannt worden: Jeder will Gedichte schreiben, keiner will sie lesen. Also muss man sich notgedrungen auf Gegenseitigkeit einigen. Daran ist im Prinzip nichts Falsches. Schließlich hat sich in der Spieltheorie ein „gutmütiges Tit for

Tat" als die langfristig erfolgreichste Strategie erwiesen. Diese Strategie ist zwar durch die schnelle Kommunikation im Internet geradezu epidemisch geworden, aber sie ist selbstverständlich nicht erst mit dem Internet entstanden. In der Tat kann man die Reziprozität beim Lesen von Gedichten bis in die Antike zurückverfolgen. Schon Martial hat in einem Epigramm (VII, 3) geschrieben:

„Cur non mitto meos tibi, Pontiliane, libellos?

Ne mihi tu mittas, Pontiliane, tuos."

„Warum schicke ich dir, Pontilianus, nicht meine Büchlein?

Damit du mir, Pontilianus, nicht die deinen schickst."

Die Reziprozität ist also ganz natürlich, nur sollte man die Kirche im Dorf lassen. Wenn man sich nicht zu sehr mit einem Gedicht auseinandersetzen will, aber unbedingt einen Kommentar hinterlassen will, sollte man wenigstens nicht übertreiben. Man kann es zur Not immer noch mit Kaiser Franz Josef I. halten („Es war sehr schön, es hat mich sehr gefreut."). Oder man schreibt einfach, dass es einem gefallen habe. Schon damit kann man allerdings in den Bereich der Notlüge geraten. Außerdem muss man damit rechnen, dass man wegen seines nichtssagenden Kommentars von denen angegriffen wird, die bei diesem Gedicht gern meckern möchten.

Ja, auch Feindseligkeiten kommen auf der Basis von Gegenseitigkeit vor. Das kann sogar zu persönlichen Angriffen führen. Dabei geht es meist nur um Kleinigkeiten. In einem Fall hatte ein Autor Formulierungen eines namhaften Dichters mit nur geringen Änderungen in eins seiner Gedichte eingebaut. Wenn er dabei jenen Dichter genannt hätte, wäre es eine Hommage gewesen, aber so wurde von einem anderen Autor der Vorwurf eines Plagiats erhoben. Das Werk wurde umgearbeitet, die Vorwürfe aufrechterhalten, die Forenredakteure mussten eingreifen und sperrten einen der beiden (den, der den Vorwurf erhoben hatte und nicht mehr nachlassen konnte), was dann zu dessen Austritt aus dem Forum führte (eine vorherzusehende Reaktion). Dass es so weit kommen musste ist schade, aber es geschieht zuweilen. Glücklicherweise kann in solchen Fällen der Autor in anderen Foren aktiv bleiben, sodass seine Werke der Welt nicht vorenthalten werden.

Ein persönlicher Angriff ist aber nicht das Schlimmste. Das ist immer noch Reklame für den Autor. Noch schlimmer als jeder Verriss ist für einen Autor, wenn manche seiner guten Gedichte keines Wortes gewürdigt werden, nur weil er, der Autor, nicht an jenen Spielchen der Gegenseitigkeit teilnimmt.

Ein weiterer Punkt, der poetix aufstieß, war der Umgang mit außenstehenden Autoren. Geradezu als Verstoß gegen die Etikette gelte es, klagte er, in einem Forum auf eigene Publikationen hinzuweisen, wenn man in dem entsprechenden Forum nicht regelmäßig selbst teilnehme, und zwar, bitteschön, nicht nur als Autor, sondern vor allem als kommentierender Leser. (Zwangsrekrutierung eines Publikums.) Es werde gar nicht mehr angenommen, dass es Publikationen von außenstehenden Dichtern geben könnte, die die Teilnehmer des Forums interessieren könnten. Die Mitglieder des Forums sollten offenbar nur Gedichte von Mitgliedern des Forums lesen. Das, so poetix, sei doch geistige Inzucht!

Das kann man immerhin relativieren. Man muss einräumen, dass derartige Einschränkungen bei den wenigsten Foren explizit in den Regeln stehen (obwohl es auch das gibt). Es sind gar nicht die Offiziellen, die den außenstehenden Autor angreifen. Gerade von den Mitgliedern des Forums wird er gern mit Häme überzogen: Er hätte es wohl nötig, sein Buch wie sauer Bier anzupreisen … Da spielt wohl auch etwas Missgunst mit hinein oder Revierverteidigung oder beides.

Nicht verschwiegen werden soll an der Stelle auch das Argument der Gegenseite: Man wolle sich vor Spamming schützen. Dazu ist zunächst Folgendes zu sagen: Wenn ein Autor im Schweiße seines Angesichts ein Buch schreibt und dann bescheiden eine (!) Mitteilung über das Buch in der dafür vorgesehenen Rubrik eines Forums einstellt und zwar, nachdem er sich dort ordentlich angemeldet hat, in einem Forum, bei dem er davon ausgehen kann, dass die Mitglieder sich für das Thema, in dem Fall Lyrik, interessieren, dann ist das Information und nicht Spamming. Das Anliegen der Autoren (gerade bei Lyrik) ist doch in der Mehrheit nicht, Geschäfte zu machen. Die meisten bringen ja nicht einmal die Kosten für ihr Buch herein, an Gewinn denkt kaum einer. Diese Idealisten wollen nur ein paar Leser gewinnen. Es ist ja nicht so, dass die Ankündigung des Buches in jedem Forum ein paar tausend Mal gepostet würde … Hier wird versucht, den Autor in eine Ecke zu stellen, in die er nicht gehört. Gesetzt sogar den Fall, dass das Forum wirklich von zu vielen Autoren überflutet würde, die ihre Werke vorstellen wollen, und man eine Auswahl treffen müsste, bevor man sie den Mitgliedern zumuten könnte, so wäre es doch kaum die richtige Strategie, nur Mitglieder des Forums auszuwählen. Mindestens ein Teil sollte doch nach Qualitätskriterien ausgewählt werden, wenn das Ergebnis für die Mitglieder auch nur halbwegs zumutbar sein soll.

Das ist das Eine. Auf der anderen Seite muss sich der Autor der Tatsache bewusst sein, dass er einer aus einem ganzen Heer von Autoren ist. Für den Empfänger einer Flut von Buchvorstellungen könnte der Eindruck des Spammings entstehen (obwohl es das im jeweiligen Einzelfall gar nicht ist). Indes ist es im deutschsprachigen Raum gar nicht so schlimm, die Vermassung (bei Lyrik) noch nicht so weit fortgeschritten wie im angelsächsischen Sprachraum. Das mag wohl noch kommen, aber bis dahin sollte man Ruhe bewahren. Jedenfalls ist immer das Taktgefühl des Autors gefragt, gründlich abzuwägen, an welcher Stelle eine Information über sein Buch wirklich angebracht ist. Auch dabei werden die Meinungen auseinandergehen, aber das ist in der Situation wohl unvermeidbar. Manches ist eben so, wie es ist, und man akzeptiert es am besten mit einem Schulterzucken und einem Lächeln, auch wenn das Lächeln etwas wehmütig ausfällt. Dies ist einfach nicht die Zeit eines Goethe oder die eines Rilke, dies ist die Zeit des Internets.

Es hat sich etwas geändert seit den Zeiten der Klassik. Heute gibt es eine Produktion von Gedichten, die schon umfangreicher ist als früher, zumindest was den sichtbaren Teil anbelangt. Jeder kann heute mit einem Mausklick ein Gedicht ins Internet stellen. Früher war eine Publikation wesentlich aufwendiger. Markttechnisch ist es so, dass ein Überhang auf der Angebotsseite entstanden ist. In einem Markt wächst in solch einer Situation der Konkurrenzdruck (die Ellenbogen werden

ausgefahren) und der Preis der entsprechenden Ware wird ge-
drückt. Bei einem ideellen Gut entspräche dem Preis der emp-
fundene Wert. Das würde heißen, dass Gedichte mehr und
mehr wertlos werden. So darf es nicht sein! Es kommt immer
noch auf den Maßstab des Wertes an. Dieser darf eben nicht der
Markt sein! (Dazu im nächsten Kapitel mehr.)

Betrachtet man den Literaturbetrieb im Allgemeinen, fällt
immer wieder auf: Manche Autoren werden gelesen, andere
nicht. Es bilden sich Zirkel erfolgreicher Autoren, die sich ge-
genseitig unterstützen und sich gegenüber nicht protegierten
Anfängern abschotten. Das war bisher ein Mechanismus der
Qualitätsvorauswahl. Es ist müßig, darüber zu diskutieren, ob
es wünschenswert ist: Vieles liegt in der Natur des Menschen.
Auch wenn es im Einzelfall nicht ideal erscheint, so funktionier-
te es doch auf seltsame Weise ... bisher. Unter dem Einfluss des
Internets verschieben sich die Schwerpunkte. Die alten Cliquen
verlieren an Bedeutung, neue formieren sich im Internet, nicht
so mächtig wie die vorherigen und vor allem transparenter.
Man kann nun von außen beobachten, wie eine qualifizierte
Beurteilung eines Gedichtes zuweilen durch Voreingenom-
menheit, selektive Wahrnehmung und Herdentrieb ersetzt
wird.

Da kann es schon passieren, dass ein in seinem Heimatforum
gefeierter Dichter, wenn er sich in ein anderes Forum verirren
sollte, dort wie ein blutiger Anfänger behandelt wird, als
Newcomer Zielscheibe unqualifizierter Kritik wird. Das sei na-
türlich, wie dann gern betont werde, immer „gut gemeint".
Man wolle dem Anfänger durch die Belehrung doch nur helfen.
Selbst perfekte Gedichte werden gelegentlich auf diese Weise
kritisiert. Poetix schrieb, dass, wenn es nicht verboten wäre, er

gern aus Spaß in einem Fremd-Forum unter seinem Namen eins der unbekannteren Gedichte von Rilke eingestellt und die eingehenden Kritiken und Verbesserungsvorschläge gesammelt hätte. Er schätzte die Chancen für das Gelingen dieses Streiches auf 30 %. Natürlich würde die Sache früher oder später auffliegen, aber die Frage sei eben, wann.

Zur Verteidigung der Szene muss etwas gesagt werden: Die allermeisten Äußerungen der Forumsmitglieder sind tatsächlich gut gemeint. Entweder war wirklich eine Kritik (in guter Absicht) angebracht oder der Kritiker glaubte aufrichtig, dass es so wäre. Unbewusst mag die soziale Situation eine Rolle gespielt haben. Überlegenheitsgesten sind Teil eines unausgesprochenen und manchmal auch gar nicht bewusst vollzogenen Aufnahmerituals in die Mitgliedergemeinschaft des Forums. Und die Aufnahme ist ein wohlgemeinter Akt des Willkommen-Heißens. Für den Neuankömmling kann es allerdings zu Missverständnissen kommen, wenn er das nicht weiß. Übrigens sind auch explizite Willkommensgrüße durchaus keine Seltenheit in den Foren und der Umgangston ist normalerweise freundlich. Die Situation in der Internet-Dichtung mag nicht perfekt sein, aber sie ist weit davon entfernt, schlecht zu sein. Das sah auch poetix so, der schrieb, dass er die Erfahrungen in den Internet-Lyrikforen nicht missen möchte.

Die sozialen Vorgänge scheinen zu funktionieren und damit wohl auch die Selektion. Natürlich können wir von eventuell in der Vergangenheit zu Unrecht vernachlässigten Dichtern nichts wissen, aber immerhin kennt man heute einen Martial und nicht einen Pontilianus (außer aus dem obigen Gedicht). Die Behauptung, die alles rechtfertigen soll, lautet: „Qualität setzt sich durch oder wird sich durchsetzen. Irgendwann." Ob das so ist? Wenn es so wäre, könnte das die Hoffnung eines jeden Dichters sein (berechtigt oder unberechtigt). Allerdings: Wenn die Anerkennung zu seinen Lebzeiten nicht erfolgen sollte, bliebe ihm nur die Zuflucht zum Humor.

Gedichte-Karussell

Lobst du meins, lob ich deins.

Richtig gut ist leider keins.

Lesen muss ich deines nicht,

wie auch keiner mein Gedicht.

Wozu schreibe ich es dann?

Einer liest es ... irgendwann.

Die Zukunft der Internet-Dichtung wird noch eine Verstärkung der jetzt schon zu beobachtenden Trends bringen. Es wird vielleicht wirklich eine Vermassung mit gewaltigen Qualitätsunterschieden geben, der einzelne Dichter wird nur noch ephemere Meme zur soziokulturellen Evolution beitragen. Er wird für die Masse immer unwichtiger werden und wird, was Resonanz angeht, oft sich selbst genügen müssen. Dadurch wird paradoxerweise der Individualismus nicht aussterben, sondern sich als Gegengewicht zur Aktivität im Netz deutlicher ausprägen.

Die Gedichte werden wahrscheinlich kürzer werden. Die mittlere Aufmerksamkeitsdauer eines Internet-Nutzers hat im Zeitraum von 2000 bis 2013 um etwa ein Drittel auf nur noch acht Sekunden abgenommen (National Center for Biotechnology Information, U.S. National Library of Medicine). Diese Aufmerksamkeitsdauer bezeichnet die Zeit, die sich ein durchschnittlicher Internet-Nutzer auf eine Sache konzentrieren kann. Daraus folgt, dass nur kurze Texte ganz gelesen werden und dass sie gegenüber langen bevorzugt werden. Das gilt natürlich nur im statistischen Sinn – im Einzelfall kann es anders sein. Der Trend dürfte sich fortsetzen. Poem-hopping wird angesagt sein. Daher werden die Dichter stärker um die Aufmerksamkeit ihrer Leser kämpfen müssen. Bildliche Unterstützung könnte dabei wichtig werden, da Bilder vom Gehirn wesentlich schneller verarbeitet werden als Texte. Erstes Anzeichen ist die Bilderflut bei Twitter, Facebook und Instagram. Vielleicht werden die Gedichte der Zukunft Cartoons oder Infografiken sein. Noch mehr Aufmerksamkeit ziehen Animationen auf sich. Wer heute als Dichter sein Publikum flashen will, sollte seine Messages in Videos verpacken. Bei YouTube läuft der Trend schon an.

Die erleichterte Kommunikation im Internet führt zu immer stärkerem Networking, was wiederum zur Folge hat, dass der Aufstieg zu Bekanntheit in der jeweiligen Gemeinde schneller geht, andererseits der Ruhm begrenzter und kurzlebiger ist. Man vermisst die weltgeschichtliche Bedeutung. Zum anderen profitieren die Dichter in ihrer täglichen Arbeit von der verbesserten Kommunikation. Hier liegt eine große Stärke der Internet-Lyrikforen. Es entstehen wirklich interessante und nützliche Diskussionen, bei denen es durchaus meist um die Sache geht, manchmal sogar zur Sache.

Während früher die Dichter allein oder nur mit wenigen Vertrauten an den Gedichten arbeiteten, bevor sie diese veröffentlichten, was meist ein endgültiger Schritt war, wird heute in den Foren über die Gedichte diskutiert und sie werden im Verlauf dieser Diskussion durchaus zuweilen umgeschrieben – ohne dass dem ein Makel anhaftete. Poetix hat des Öfteren betont, dass er von dieser Gelegenheit sehr profitiere und sie würdige. Die Internet-Publikation in einem Lyrikforum ist nichts Endgültiges. Diese Entwicklung, dieser sich verstärkende Verzicht auf Endgültigkeit, ist noch nicht zu Ende und könnte auf die Printmedien ausstrahlen.

Umarbeitungen von Printausgaben gab es schon früher, aber im Wesentlichen bei vielgelesenen Büchern. Die Neuauflagen ermöglichten es. Man denke nur an Kants berühmte und von Schopenhauer vehement angegriffene zweite Auflage der „Kritik der reinen Vernunft". Heute ermöglicht die Digitaldrucktechnik auch unbekannten Autoren, die Weiterentwicklung ihrer Texte über Book-on-Demand-Verlage gedruckt zu dokumentieren. Der Trend könnte sich verstärken und zu einer größeren Zahl von Publikationen führen. Hinzu kommt, und das ist kein Geheimnis, dass es kaum einen Internet-Dichter gibt, der nicht davon träumt, seine Werke auch gedruckt zu sehen. Viele erfüllen sich diesen Wunsch irgendwann. Es wird mehr Bücher geben. Hier kommt auf den Leser die Aufgabe zu, in diesem immer größer werdenden Markt seine eigene Auswahl zu treffen. Er wird vielleicht auf Rezensionen zurückgreifen. Auch hierbei wird es auf die Qualität ankommen. Man muss Gefälligkeits- oder gar gekaufte Rezensionen von echten unterscheiden, bei letzteren wieder zwischen spontanen und Swap Reviews. Von namhaften Rezensenten besprochen zu werden, ist fast so schwer, wie von einem namhaften Verlag angenommen zu werden. Von einem der wenigen Scouts gefunden zu werden, die sich die Mühe machen, unter den Indies nach Perlen zu suchen, gleicht schon einem Glücksfall. Ein wirklich zufriedenstellendes Auswahlsystem zur Bestimmung der Qualität wird sich wohl noch entwickeln müssen.

Qualitätsvorauswahl – das ist ein Kernproblem auch bei den Gedichten. Es wäre schön, wenn es da Besseres gäbe als die sozialen Mechanismen. Die Lyrikforen dürften sich in dieser Hinsicht weiterentwickeln. Man will möglichst frühzeitig wissen, was gut ist. Das Internet ist schnell. Es gibt heute schon Beurteilungen durch andere Leser. Eine mögliche Verbesserung könnte ein Ranking sowohl einzelner Gedichte als auch Autoren sein, um, ähnlich wie bei Suchmaschinen, nach Qualität sortieren zu können. Das sollte aber, wenn es wirklich um Qualität gehen soll, nicht nur nach der Zahl der Klicks geschehen und schon gar nicht nach der Menge der platzierten Werbung. Einzelne Bewertungen durch Leser sind statistisch nicht aussagekräftig. Eine Möglichkeit wäre eine anonymisierte Beurteilung der Gedichte durch viele, wobei zum Voting weder nur eine Expertenjury noch nur die Masse herangezogen werden sollte; am besten wäre eine Mischung. Die vielen Leser muss man aber erst finden. Die Anonymisierung ist auch nicht ohne Probleme; sie kann durch Stilauffälligkeiten mit Wiedererkennungswert unterlaufen werden.

Fangemeinschaften, Schulen, Pressure-Groups könnten die Abstimmungen verfälschen. Zur Vermeidung geistiger Inzucht gibt es an Universitäten das Hausberufungsverbot. Da wäre doch bei den Lyrikforen ein „Hausbewertungsverbot" denkbar: Die Mitglieder eines Forums bewerten nur die Gedichte anderer Foren. Auch das könnte natürlich manipuliert werden. Poetix schlug eine radikal andere Lösung vor: Gefälligkeitsbewertungen dadurch zu verhindern, dass dem Beurteilten bei positiver Bewertung ein Nachteil entstünde. Eine paradoxe Situation! Aber es käme der menschlichen Neigung zu Neid entgegen. Es würde ja abgestimmt, wem die meisten Abstimmenden einen Schaden gönnten, wem man seinen Erfolg am meisten missgönnte, wen man am meisten beneidete. Und schon Wilhelm Busch schrieb: „Neid ist die aufrichtigste Form der Anerkennung." Wie die Betreffenden ihre Strafe „für zu gutes Schreiben" ableisten sollten, ob durch Entrichten eines Obolus, durch eine freiwillig akzeptierte Publikationssperre oder durch Selbstdemütigung, darüber schwieg sich poetix aus. Da er die entsprechenden Bemerkungen an einem 1. April gepostet hatte, ist es zweifelhafter denn je, ob er es ernst gemeint hatte.

Am selben Tag hatte er getwittert (sein Nutzername bei Twitter ist nicht „poetix", aber sein Account ist leicht zu erkennen), dass er wie Nostradamus hellseherische Fähigkeiten habe und dass wie bei jenem Vorhersagen über die Zukunft in seinen Gedichten enthalten seien. Insbesondere seien die Gewinnzahlen der nächsten Lotterieziehung in einem seiner Gedichte versteckt. Daraufhin schnellte die Zahl der Klicks auf seine Gedichte sprunghaft in die Höhe. Indes gelang es keinem seiner Leser, den Jackpot zu knacken. Die Enttäuschung war groß. Man warf poetix vor, die Leute verschaukelt zu haben. Er wies auf eine 49-zeilige Ballade hin, die er in einem Forum eingestellt hatte, und zwar in der Form, dass alle Zeilen einzeln nummeriert waren. Es ließ sich nicht leugnen, dass die sechs Richtigen und die Superzahl dabei waren.

Das war schon merkwürdig. Es gab aber noch Merkwürdi-
geres. Die Sache nahm ihren Anfang in der Berichterstattung
der Medien über die NSA und ihre Überwachungsmethoden.
Fast jeder befürchtete schließlich, selbst überwacht zu werden,
so auch poetix. Jedoch versuchte er, der Situation etwas Gutes
abzugewinnen, den Spieß umzudrehen. Er hat sich einen Spaß
daraus gemacht, verschiedene Schlüsselwörter in seine Gedich-
te einzubauen, die im Filter des Überwachungsprogramms
hängenbleiben mussten, z. B. in der Art:

Es traf die Nachricht mich wie eine Bombe:
Erneuert werden muss im Zahn die Plombe.

Da er das systematisch betrieb, würde sein Überwachungs-
status erhöht, so vermutete er jedenfalls seinerzeit, und seine
Gedichte würden sorgfältig studiert. Das genau war es, was er
gewollt hatte, das war sein Ziel, das war der Zweck der Übung:
aufmerksame Leser zu gewinnen, die ihn wirklich ernst nah-
men, die Wort für Wort studierten. Er bildete sich ein, diese
jetzt zu haben. Nur erhielt er leider kein Feedback. Es wäre ja,
wenn es sich tatsächlich ereignet hätte, alles streng geheim ge-
wesen. Was tun? Man müsste die NSA provozieren! Er schrieb
einen Aufsatz über einen Verschlüsselungscode, den er in sei-
nen Gedichten zu verwenden behauptete. Nicht dass es Ver-
schlüsselungen in Gedichten nicht schon gäbe. Akrosticha,
Anagramme und anderes gab es schon. Diese Verfahren gingen
aber alle vom Text aus, nicht vom Inhalt. Computer können sie

entschlüsseln. Hier sollte es nun um etwas gehen, das nur Menschen leisten können. Der Leser sollte in das Gedicht eintauchen, empfinden, was der Dichter zu übermitteln versucht hatte, und aus dieser Stimmung heraus genau die Schlüsse ziehen, die der Dichter beabsichtigt hatte. Der Unterschied zu einem normalen Gedicht: Bei einem normalen Gedicht lässt sich die Reaktion des Lesers nicht hundertprozentig vorhersagen. Wie sollte das jetzt möglich sein? Und wie sollte sich das auf lebensweltliche Inhalte anwenden lassen? Vieles blieb offen.

Hat die NSA darauf reagiert? Es gab tatsächlich E-Mails von obskuren Absendern, hinter denen poetix die NSA vermutete. Es wurden Details zu seinem Artikel nachgefragt. Ob wirklich die NSA dahinter steckte, wurde nicht klar. Beweise gab es nicht. Seitdem hat sich poetix nicht mehr zu dem Thema geäußert. Auch der Aufsatz verschwand plötzlich aus dem Netz, so spurlos, wie nur Profis das hinbekommen können. Hat poetix sich kaufen lassen? Eine Schweigeverpflichtung?

Was zu sagen bleibt

Das meiste ist gesagt. Es gibt noch ein paar Kleinigkeiten zu klären, z. B. wo denn poetix lebt. Um es spannend zu machen: Es gibt eine Spur, und zwar eine Inschrift von poetix auf einer virtuellen Toilettenwand. Fragen Sie lieber nicht, was eine virtuelle Toilette ist, vorgefunden wurde nur die zugehörige Wand, als Forum für Latrinalia im Internet. Dort stand:

poetix was here,

got rid of his beer.

(poetix war hier, wurde sein Bier los.) Vordergründig klar, nach dem Motto CICO (Coffee In, Coffee Out). Aber vielleicht eine Nachricht von poetix, eine verschlüsselte Botschaft. Bier könnte eine Metapher sein. Das hieße ausformuliert: poetix war hier (in diesem Forum) und hätte etwas hinterlassen, was sich mit „Bier" umschreiben lässt. Was soll das gewesen sein? Am wahrscheinlichsten ist eine weitere Nachricht, die ihm ohne diesen Hinweis nicht zuzuordnen gewesen wäre. Der Hinweis zur Auffindung dieser weiteren Nachricht wäre das Wort „Bier". Die Nachricht könnte demnach irgendetwas mit Bier zu tun haben oder sich einfach auf Bier reimen.

Das Einzige, was in diesem Forum annähernd passte, war dies:

Sei doch um vier

bei jenem Tier,

das niemals jung

war, nie gab Dung.

(Reim auf Bier!) Offenbar eine Verabredung zu einem Treffen – aber wo? Das ist sicherlich eine Lokalinformation, aber ohne zufällige Ortskenntnis kaum zu knacken. Des Rätsels Lösung: Gemeint ist das Ochsenportal an der Fleischbrücke in Nürnberg. (Inschrift unter dem Ochsen: „Omnia habent ortus suaque incrementa sed ecce quem cernis nunquam bos fuit hic vitulus" = „Alle Dinge haben Anfänge und ihre Zuwächse, doch sieh: Niemals ist der Ochse, den du hier siehst, ein Kalb gewesen.") Das ergibt einen Sinn, und damit kann man poetix in Mittelfranken verorten, zumindest zum Zeitpunkt dieses Postings. Geboren sein muss er dort nicht.

Zurück zu seiner Tätigkeit als Dichter. Er tauchte nicht in den Bestsellerlisten auf. Aber hatte er wenigstens in kleinerem Rahmen Erfolg? Er scheint ihn als ungenügend empfunden zu haben, womöglich aufgrund zu hoher Erwartungen (über die zu hohen Erwartungen der Menschen wurde schon geredet). Auch zu diesen Gefühlen gibt es Verse von poetix.

Sternengesänge

Will denn mein Lied keiner hören?
Liebste, selbst du willst es nicht!
Dich wollt ich immer betören,
tags und im Sternenlicht.

Sternen nur will ich noch singen,
was zu singen ich hab.
Darf dieses Ständchen ich bringen,
nehm' ich das Lied mit ins Grab.

In einem Forum fühlte sich eine Teilnehmerin persönlich als „Liebste" angesprochen. Poetix musste erklären, dass hier nur ein lyrisches Ich ein lyrisches Du anspricht. Die Metrik, dreihebige Daktylen mit abwechselnd weiblichen und männlichen Kadenzen, unterstreicht den klagenden Ton des Gedichts. Ein Klagelied? Manchmal fühlt man sich als Dichter nur von den Sternen verstanden.

Noch ärgerlicher ist es, wenn man einerseits nicht anerkannt, andererseits aber doch kopiert wird, sei es absichtlich oder unabsichtlich. Es ist ja in der Dichtung nicht wie in der Wissenschaft, wo die Kunst des Zitierens gepflegt wird. Oft wird ein Gedicht zum Anlass genommen, es selbst besser zu machen. Vergessen wird dann manchmal, woher die Idee stammte. Soweit die Texte gedruckt vorliegen, lässt sich das dann zwar noch nachvollziehen, aber es interessiert kaum einen. Noch schlimmer ist es mit mündlichen Äußerungen. Man nehme nur die Witze. Diese haben auch ihre Urheber, und doch wird nie einer genannt.

Der versaute Witz

Gesucht war ein Witz, der versaut.

Da hat sich der Heiner getraut,

erzählt einen guten –

das Herz muss mir bluten:

Den Witz hat der Kerl mir geklaut.

Man darf bitte nicht den Fehler machen, einen Limerick mit der Wirklichkeit zu verwechseln. Überhaupt: Etwas Anerkennung scheint auch poetix schließlich bekommen zu haben, wenn man dem trauen darf, was er im Folgenden dazu geschrieben hat.

Anerkennung

Da steh ich nun und dichte
und singe meinen Song
im Schummerdämmerlichte
grad unter dem Balkon.

Ich dacht, es wär nicht übel,
doch gibt es kein' Applaus –
stattdessen lehrt man Kübel
mir überm Kopfe aus.

Ich frag: „Ist das verdient,
dass man mich so begoss?"
Doch sieh nur: Alles grient –
Champagner war's, der floss.

Uff, das ging ja noch gut aus. Trotzdem: Vielleicht war das
Anlass für poetix, sich ganz allgemein Gedanken über seine
Dichtkunst zu machen.

Zu viel für zwischendurch

Ein kleines Häppchen zwischendurch:
Der Storch nimmt gern mal einen Lurch,
ein Text darf es beim Menschen sein;
er schärft den Geist und macht ihn fein.

Nur darf man diesen Text nicht strecken,
sonst würde er verwässert schmecken;
gekürzt und schmerzlos mag man's gern,
auch sei das Thema nicht zu fern.

Nun wollte ich das auch versuchen,
doch hört ich bald die Leser fluchen:
Das solltest du für dich behalten,
ganz anders muss man es gestalten!

Für zwischendurch war's wohl zu viel –
ich seh es trotzdem nur als Spiel.
Drum gilt: Auch wenn man mich verlacht,
es hat mir großen Spaß gemacht.

Da kann man poetix nur beglückwünschen. Er hatte Spaß beim Schreiben. Was will man mehr, was sonst erwartet man vom Schreiben? Poetix will ja nicht die Welt verändern. Und das ist gut so. Zwar haben einige Schriften die Welt verändert, doch hatten die Autoren später keinen Einfluss mehr darauf, wie das geschah. Es gab durchaus Fälle, in denen einer bereut hat, geschrieben zu haben, was er geschrieben hatte, weil er mit der Entwicklung nicht einverstanden war.

Die Dichter der Internet-Generation schreiben für die anonyme Masse im Netz, für ihresgleichen, für ein abstraktes Publikum, selten für ein reales, gern auch für bestimmte Menschen oder sich selbst, aber fast nie für den Gewinn, den Markt, den Lebensunterhalt. Das gilt ganz allgemein für die Kunst, die nur sehr wenige ernähren kann. Kurt Vonnegut beschrieb es so:

"Go into the arts. I'm not kidding. The arts are not a way to make a living. They are a very human way of making life more bearable. Practicing an art, no matter how well or badly, is a way to make your soul grow, for heaven's sake. Sing in the shower. Dance to the radio. Tell stories. Write a poem to a friend, even a lousy poem. Do it as well as you possibly can. You will get an enormous reward. You will have created something."

Gerade jene kann man bewundern, die im stillen Kämmerlein Gedichte schreiben, die niemand je zu lesen bekommt. Sie sind Idealisten. Ihre Arbeit ist nicht vergeblich. Das Dichten tut gut. Es ist schön, etwas Gelungenes zu formulieren, selbst wenn es nur die Sterne hören. „Der Weg ist das Ziel." (Konfuzius wird diese Weisheit normalerweise zugeschrieben, wörtlich überliefert ist sie nicht.)

Wer vorgeblättert hat, um das Ergebnis dieser Recherche zu erfahren, wird enttäuscht sein, kein Resümee vorzufinden. Es gibt kein Ergebnis, nur ein Verweilen. Das meiste ist schon gesagt worden, zumindest das, was gesagt werden sollte. Eines kann vielleicht doch noch festgehalten werden: Die bisher vorgestellten Gedichte von poetix sind alle in der Weise traditionell, dass sie zumindest jeweils ein Thema haben. Das ist in der modernen Dichtung nicht mehr selbstverständlich. Da könnte es zum Beispiel so etwas geben:

Hatschli datschli matschli?

Klaro varo daro. Fipsli bipsli lipsli!

Knutschimutschirutschiflutschi.

Upsilidutzili huppedipuppedipapedidum.

Bumm, bumm ...

Das ist zwar schwer verständlich, aber auch hierbei wäre es noch möglich, dass es ein Thema gäbe, lautmalerisch verpackt. Aber es gibt auch noch den Dadaismus usw. Wie gesagt, hat sich poetix in dieser Richtung (noch) nicht engagiert. Es gibt bei seinen Gedichten etwas, worüber gesprochen wird, und man kann zu Recht vermuten, dass es mit dem Autor und seinem Leben zu tun hat.

Viele von poetix' Werken, die hier vorgestellt wurden, sind charakteristisch für die Internet-Dichtung. Da ist zum Beispiel die Saisonalität: Gedichte zu Jahreszeiten und Festtagen sind beliebt. Auch Tier- und Kindergedichte finden immer mehr Anhänger. Selbst philosophische Gedichte gibt es dort von Zeit zu Zeit, wenn auch nicht so häufig wie bei poetix. Dann poetix' Verharren im Traditionellen: Auch das ist typisch. Es könnte bei einem so modernen Medium eigentlich erstaunen, aber tatsächlich ist die Mehrheit der Gedichte im Internet (nicht alle) traditionell geprägt.

Vor allem sind die Internet-Lyrikforen ein Sammelbecken von Dichtern verschiedenen Alters. Manche sind erfahrene Dichter, manche sammeln noch Erfahrungen, aber alle engagieren sich und alle haben Spaß bei der Sache, fetzen sich, vertragen sich, mögen sich und engagieren sich. Es lohnt sich durchaus, sich auf den einen oder anderen einzulassen. Die allermeisten von ihnen sind echte Dichterinnen und Dichter; da ist es egal, ob und, wenn ja, wo sie publizieren. Das würde ja nur die Präsenz am Markt betreffen. Und der Markt soll ja nicht die Einschätzung einer Person bestimmen. Das geschieht zwar oft genug, aber die Lyrik, diesen von ideellen Werten geprägten Bereich, will doch keiner den Kräften des Marktes allein überlassen! (Dann gäbe es wahrscheinlich gar keine zeitgenössische Lyrik mehr.) Man kann froh sein, dass es einen Freiraum des Idealismus in dieser Form gibt – mit Dichterinnen und Dichtern, die nicht gewinnorientiert schreiben, sondern aus Begeisterung. Sie verstehen ihr Handwerk und sie schreiben mit Herzblut; darauf kommt es letztlich an.

Noch ein letztes Wort zu poetix: Seine Tagline in den Foren lautete: „Lineam rectam sequere", zu Deutsch: „Folge der geraden Linie!" oder, freier, „Bis auf Weiteres geradeaus!" oder, noch freier, „Sei in deinem Charakter geradlinig!" Interessanterweise ist dieser Satz im Lateinischen selbstbestätigend; denn „rectus" heißt nicht nur „gerade", sondern gleichzeitig auch „richtig". Auch im Deutschen hat die Bezeichnung „geradlinig" einen positiven Beigeschmack. In der euklidischen Geometrie ist die gerade Linie die kürzeste Verbindung zweier Punkte. Also ist, ceteris ignotis, der Ratschlag, der geraden Linie zu folgen, nicht unvernünftig. Ausnahmen bestätigen die Regel.

Zeitfracht Medien GmbH
Ferdinand-Jühlke-Straße 7
99095 Erfurt, Deutschland
produktsicherheit@kolibri360.de